中公新書 2471

筒井清忠著

戦前日本のポピュリズム

日米戦争への道

中央公論新社刊

まえがき

日本においてポピュリズムが問題にされ出したのは、小泉純一郎《こいずみじゅんいちろう》首相のころからではないかと思われる。今思い出しても郵政選挙（二〇〇五年九月）のころを頂点にして小泉首相の勢いはすさまじく、確かに大衆の人気による政治という印象は強かった。それを説明する概念が求められたのも当然だったと言えよう。

その後も、国内的には橋下徹《はしもととおる》現象から小池百合子《こいけゆりこ》東京都知事の誕生（二〇一六年七月）へと続き、国際的には英国独立党、フランス国民戦線、オーストリア自由党の擡頭《たいとう》などから近年のイギリスのEU（欧州連合）離脱決定（二〇一六年六月）、トランプ現象（二〇一六年十一月、アメリカ大統領に当選）へと、ポピュリズムはますます議論の中心になってきた。そしてさらにそれは発展しそうである。

元来英語であり、輸入概念だけに、その概念を整理したものや各国の状況を分析した書物も何冊か出された。中には参考になる知見も少なくないのだが、筆者には最初からある違和感があり、その違和感はそれらによっては一向に解消しなかった。

筆者の違和感というのは、ポピュリズムの定義は色々あるが、要するに大衆の人気に基づく政治ということであるから、それなら日本ではとうの昔、戦前にそれが行われていたということである。そこに「革新」ということを加えても事態にあまり変わりはない。言い換えると、ほかでもない日米戦争に日本を進めていったのがポピュリズムなのに、この戦前のポピュリズムの問題がまったくと言っていいほど取り扱われていないということである。そして、戦前の戦争への道の反省というようなことがしきりに言われるのだから、このことはそのうちに誰かが書くだろうと思っていたが、とうとう一向に現れないまま今日に至った。

こうして、これは戦前の昭和史を専門とする筆者でなければ書く人はいないようだと気づいた結果、できあがったのが本書である。書きながら、調べながら気づいたのは、正確な史料に基づいた叙述を行うことは歴史としては当然のことなのだが、それだけではポピュリズムというやっかいなしろものは扱いにくいということだった。歴史学からさらにもっと広がりをもった人文・社会諸学のパースペクティヴが必要なのである。

とくにエミール・レーデラー（一八八二〜一九三九）からウィリアム・コーンハウザー（一九二五〜二〇〇四）に至る大衆社会論の蓄積がなければ論じえないものなのである。前述のポピュリズムの書物に対して生じた筆者の違和感の原因の一つはそれでもあることに、執筆しながらあらためて気づかされたものでもあった。

話は基本的には大正末・昭和初期から始まるが、日本において初めてポピュリズム現象が登場した日比谷焼き打ち事件（一九〇五年九月）についてはやや詳しく扱い、そこから叙述を始めることにせざるをえなかった。理由は読めばおわかりいただけると思う。

明治末の一九〇五年から日米戦争開始の一九四一年までが三六年間、普通平等選挙制成立の一九二五年からだと一六年間の歴史となる。これを長いと見るか短いと見るか、読者自身で考えてもらいたいと思って本書は書かれる。

目次

第11章　日中戦争の開始と展開に見るポピュリズム
——第一次近衛内閣の時代

DTP　市川真樹子

略年表

年	出来事
1887（明20）	条約改正反対運動．三大事件建白運動．保安条例
1894（明27）	日清戦争（～1895年）
1904（明37）	日露戦争（～1905年）
1905（明38）	日比谷焼き打ち事件
1911（明44）	辛亥革命
1913（大２）	第１次憲政擁護運動（大正政変）．対中強硬政策運動
1914（大３）	シーメンス事件．第１次世界大戦（～1918年）
1918（大７）	米騒動
1919（大８）	ヴェルサイユ講和会議
1921（大10）	ワシントン会議（～1922年）
1923（大12）	関東大震災
1924（大13）	排日移民法（米）
1925（大14）	普通選挙法
1926（大15）	朴烈怪写真事件
1927（昭２）	金融恐慌
1928（昭３）	第１回普通選挙．張作霖爆殺事件．不戦条約
1930（昭５）	ロンドン会議．統帥権干犯問題．浜口首相狙撃事件
1931（昭６）	満洲事変
1932（昭７）	血盟団事件．満洲国建国．五・一五事件
1933（昭８）	ヒトラー首相就任（独）．国際連盟脱退
1934（昭９）	帝人事件（→1937年被告全員無罪判決）
1935（昭10）	天皇機関説事件
1937（昭12）	第１次近衛内閣．盧溝橋事件，日中戦争
1938（昭13）	第１次近衛声明（トラウトマン和平工作失敗）
1939（昭14）	第２次世界大戦（～1945年）
1940（昭15）	新体制運動．日独伊三国同盟．大政翼賛会
1941（昭16）	真珠湾攻撃，日米開戦

戦前日本のポピュリズム

日米戦争への道

第1章　日比谷焼き打ち事件

1　「大衆」の登場

日本における政治的大衆の登場について考えるとき、何よりも示唆的なのは吉野作造《よしのさくぞう》の次の言葉であろう。「民衆が政治上に於《おい》て一つの勢力として動くという傾向の流行するに至った初めは矢張《やは》り〔明治〕三十八年九月からと見なければならぬ」（吉野〔一九一四〕。松尾〔二〇〇二〕七頁）。

言うまでもなく、これは日比谷焼き打ち事件のことを指している。日比谷焼き打ち事件は一九〇五（明治三十八）年九月五日に、日露戦争の講和条約（ポーツマス条約）の締結に反対する国民大会が暴動化して起きたものである。吉野はこの日比谷焼き打ち事件により「民衆が政治上に於て一つの勢力として動くという傾向」が日本で始まったと見ているのである。

日比谷焼き打ち事件の持つ意味の大きさがわかろう。

ここで問題となるのは、第一に日比谷焼き打ち事件が最初の「大衆」の登場と確実に言えるのか、それ以前にこれに類することはなかったのか、ということであり、第二にこれが最初の「大衆」の登場だとすればなぜここで登場したのか、どういう経緯から登場したのか、ということであろう。

自由民権運動と初期社会主義運動

まず比較的回答の簡単な、日比谷焼き打ち事件が最初の「大衆」の登場と確実に言えるのか、それ以前にこれに類することはなかったのか、という最初の問いから答えていきたい。

これについては、安丸良夫《やすまるよしお》、木村直恵《きむらなおえ》の研究を受けた藤野裕子《ふじのゆうこ》の以下のような指摘がある。

屋外での政治集会というものは、当然のことながら自由民権運動や初期社会主義運動にも存在していたわけだが、集会条例の改正によりそれは大きく変化していった。

すなわち、一八八〇年に制定された集会条例で、政談演説会・政社は事前の警察への届出を必要とする認可制になり、会場を監視する警察官に集会解散権が付与されたのだが、一八八二年六月には、これに加えて内務卿に一年以内の演説禁止権が与えられた。このため、運動をする側は演説会の開催がきわめて難しくなり、公園・神社境内などで壮士の運動会や懇親会を開催するという形にせざるをえなくなったのである。

したがって、屋外での政治集会といっても、壮士運動会は壮士が撃剣・旗の争奪戦などを行うものであり、労働者懇親会も主催者側の芝居・剣舞が行われるのであって、いずれも民衆・労働者は観衆としてそれを見物する存在にすぎなかった。

例えば、やや後のことだが、三大事件建白運動（一八八七年）で自由民権運動が最後に盛り上がったときに、京都では「鮮血染出自由郷」「日本男児有心胆」と大書した幟《のぼり》を掲げた一五〇～一六〇人の壮士が四条河原で旗の争奪戦や綱引きを行った後、京都御苑との間を「自由万歳」「皇室万歳」を叫びながら往復している（『朝野新聞』一八八七年十一月二十五日。牧原〔二〇〇六〕一六七頁）。これは基本的に壮士たちだけによって行われたのであり、大勢の民衆がそこに参加したわけではなく、集会の主体としての大衆が現れたわけではなかったのである（藤野〔二〇一五〕二六頁、五二頁）。

条約改正反対運動と保安条例

この点、大勢の人間によって反政府的気運が立ちこめて東京が騒然としたムードになり、政府が大量の弾圧を行った例としては、一八八七年の保安条例の件がある。

一八八七年六月、伊藤博文《いとうひろぶみ》内閣の井上馨《いのうえかおる》外相による不平等条約改正案に司法省法律顧問ボアソナードが反対意見書を提出、谷干城《たにたてき》農商務相も抗議の辞職を行い、条約改正反対運動が大きく盛り上がった。ボアソナードらは、井上の改正案は日本の立法権を侵害し、不平等を全国に拡大することになると批判したのである。

前年から後藤象二郎《ごとうしょうじろう》をいただいて活潑《かっぱつ》化しつつあった大同団結運動はこれを機にさらに盛り上がり、十月に「外交政策の刷新」「地租軽減」「言論集会の自由」の三大事件建白運動として結実していった。自由民権運動最後の高揚とも言えよう。旧自由党を中心にした民権派は全国で建白運動を展開、十二月十五日には二府一八県の代表が東京で元老院に建白書を提出した。

このとき、数百人の壮士が東京内を闊歩《かっぽ》し、ある者は仕込み杖を携え、放火・大官襲撃・地雷敷設の噂《うわさ》が乱れ飛ぶなど騒然とした情勢となったという〈升味〔一九六五〜八〇〕第四巻、九三頁〉。

尾崎行雄《おざきゆきお》は三〇〇〇人の有志による二重橋前での条約改正反対の哀訴を企図していたが、十二月二十四日に同志と集って後藤象二郎邸で酒を飲んだ際、「戯れに」東京内三〇〜四〇か所の放火、大臣暗殺、大蔵省の金庫強奪などを話した。すると、突然二日後の二十六日（正式には二十五日公布）に保安条例が出され、皇居外三里〈約一一・八キロメートル〉へ退去を命じられた。尾崎は最も極刑の三年間の追放となったが、後藤邸での話を床下で政府の密《みっ》偵《てい》が聞いており、その報告をもとに保安条例が制定されたのだ、と後で聞いて驚いたという。またこの驚きから号を「学堂」から「咢堂《がくどう》」に変えた。さらにこうした運動に従事する人々を従来は「有志家」と言っていたのだが、このころ尾崎自身がそれを「壮士」と名づけたという（尾崎〔二〇一六〕一〇四～一一一頁）。

尾崎の言うように、十二月二十四日の発言が保安条例制定の原因かどうかはわからないが、升《ます》味《み》準《じゅん》之《の》輔《すけ》、指原安三《さしはらやすぞう》によれば、保安条例を発する際の政府の準備・行動はすさまじいものであった。新潟県から上京して警察から保安条例による退去を言い渡された西潟為蔵《にしかためぞう》が著しているように、「同夜は非番の巡査・憲兵は勿論《もちろん》、丸之内には軍隊を配置せしめ、軍用電信を架設する等戦事の際の如《ごと》し」（升味〔一九六五～八〇〕第二巻、一〇二頁）であった。

すなわち、警視庁では半数が徹夜宿直、陸軍は東京の枢要地に軍用電線を架設し、近衛《このえ》二大隊に赤坂仮皇居を警護せしめ、火薬庫・兵器貯蔵庫の取り締まりを平常の一〇倍にし、陸軍病院は医官を招集して負傷者への準備体制を整えた。また、各所に巡査・憲兵を厳重に配備し、とくに各大臣官邸には護衛巡査・憲兵が常に巡行、大蔵省には巡査・憲兵のほか二小隊の兵も派遣して警護させたのである（指原〔一九四三〕五四四～五四五頁。升味〔一九六五～八〇〕第二巻、九九～一〇〇頁）。保安条例公布前後の東京の情勢がかなり緊迫したものであったことがわかる。

しかし、升味も指摘するように、その運動の主体は府県会議員、豪農商知識人、記者、代言人、学校教員などの「薄い社会層」であり、多くは「一時在京者」にすぎなかった。東京在住の広範な社会層が起こした騒乱ではなかったのであり（升味〔一九六五〜八〇〕第四巻、九三頁）、東京内に多数の庶民からなる群衆・大衆というものが現れたわけではないのである。

この点、松山巖《まつやまいわお》が、横山源之助《よこやまげんのすけ》の文章を引きながら、「政府の意向に反する者を、いってみれば所払いに処したわけである。乱暴な方法だが、こんな法のまかり通ったところが十九世紀の日本である」としているのは鋭い指摘と言わねばならない（松山〔二〇〇九〕一一頁）。特定の人間を「所払い」にすることによって問題が解決するのが「十九世紀の日本」なのである。大衆の暴動は「所払い」ではかたづかない。いいかえれば、一八八七年（十九世紀）の東京ではなく、一九〇五年（二十世紀）の東京＝日本において初めて群衆・大衆が登場することになるというわけである。その意味では、保安条例と日比谷焼き打ち事件は、十九世紀と二十世紀、近代と現代の開始とを分かつ指標となる事件であったとも言えよう。酒田正敏《さけだまさとし》も、大隈重信《おおくましげのぶ》外相の条約改正に対する反対運動（一八八九年）と日比谷焼き打ち事件を比較してだが、前者にはなく後者にあったものとして、「新しい政治的エネルギーの噴出」「政治運動への「国民」の出現」を指摘している（酒田〔一九七八〕二九一頁）。

2　日比谷焼き打ち事件の経緯

次に第二の問題、つまり日比谷焼き打ち事件が最初の「大衆」の登場だとすればなぜここで登場したのか、どういう経緯から登場したのか、という本題に進むことにしたい。

まず事件の少し前からの事実関係を確定しておきたい。

一九〇五年八月に開始されたポーツマス講和会議で、日本政府が閣議決定した講和の「絶対的必要条件」（日本が韓国に「指導、保護及び監理の措置」を行うこと、ロシア軍の満洲からの撤兵、ロシアの遼東《りょうとう》半島租借権と長春《ちょうしゅん》・旅順《りょじゅん》間鉄道を日本へ譲渡すること）は予想以上に早くまとまった。

交渉が難航したのは、閣議決定で「比較的必要条件」とされた賠償金の支払いと樺太《からふと》（サハリン）譲渡であった。しかしこれも、戦争継続の困難性を熟知していた日本政府側は賠償金要求を棄却し、北緯五〇度以南の樺太領有で妥結した。こうして九月五日が日露講和条約調印の日と決まったのである。

しかし、調印の前から不穏な空気は漂っていた。

『原敬《はらたかし》日記』四月十六日に、原が「此上《このうえ》戦争を継続するも何の利益なし……如何《いか》なる条件にて戦争休止するも国民多数は満足せず」と述べたのに対し、桂太郎《かつらたろう》首相が「貴見の通りなり……平和を克復したるならばきっと国民は其条件に満足せざるべし、故《ゆえ》に自分一身は犠牲に供する覚悟なり」と言ったという記録がある。

「開戦の当初に於ては安危存亡をまで賭《と》したる人心も……慢心を生じ、戦えば勝ち攻めれば取る此の有様を以て進まば貝加爾《バイカル》は疎《おろ》か露本国莫斯科《モスクワ》まで進入するも難事もあらず……との声起るに至れり。……適当の時機に於て平和を克復するは是《こ》れ一国の安危を双肩に担う者の考慮せざる可からざる所なり。然るに人心は一日も此の如き事を顧慮せず。……独り当局者たる予に於て全部の責任を取るの外《ほか》なし」というのがそのころの桂首相の憂慮であり気概であった。

新聞各社の講和条件

講和が近づくにつれ、新聞各社は講和条件を提示したが、例えば大隈重信や憲政本党に近い新聞記者が集う同志記者倶楽部《くらぶ》（一八九八年九月十六日結成）が一九〇五年六月十四日に決定した講和条件は、①沿海州および樺太の割譲、②満洲におけるロシアの租借地の譲渡および一切の権利放棄、③賠償金三〇億円、④東清鉄道すべてと烏蘇利《ウスリー》鉄道の一部譲渡、というものであった。結果的に③はまったく実現せず、そのほかも一部しか実現しなかったわけだが、その気配が漂うにつれ、講和問題は大きな政治問題となっていったのである。

こうして七月には、対露同志会や黒龍会など九団体からなる講和問題同志連合会が結成され、八月三十日には同志記者倶楽部が桂内閣を軟弱な講和条件を提出しているとして非難する決議を出すに至る。そして、同日には、二十八日に桂との会談で日露交渉の妥協案を打ち明けられた池辺三山《いけべさんざん》（『東京朝日新聞』主筆）が桂内閣を批判する決意を固め、『東京朝日』が講和条約反対の論陣に加わったことにより、東京の『万朝報《よろずちょうほう》』、大阪の『大阪朝日新聞』という二大紙をはじめ、ほとんどすべての新聞が講和条約を批判する立場を取ることになった。

こうしたなか、ポーツマス講和会議に対して、新聞のなかでほとんど唯一政府の立場に立って賛成したのは徳富蘇峰《とくとみそほう》の『国民新聞』であった。蘇峰はすでに六月二十九日、日本はほとんど力を出し尽くしており、兵力も足りないので講和を望んでいる、ということを深井英五《ふかいえいご》（『国民新聞』記者を経て、当時は日本銀行勤務）への手紙のなかで打ち明けていた。『国民新聞』は、賠償金が獲得できなかったのは残念だが、日本は賠償金のために戦争したのではない。韓国の保護権、旅順・大連《だいれん》の租借、東清鉄道の割譲、南樺太の獲得といった成果によって、戦争の目的は十分に達成されていると評価したのである。これが、日比谷焼き打ち事件の際、国民新聞社が五〇〇〇名とも言われる逆上した民衆によって襲撃される原因ともなる。

不特定多数の「国民」が参加

こうした不穏な状況のなか、「国民大会」を企画したのは既述の講和問題同志連合会であった。

七月七日、十九日の会合で、司会者河野広中《こうのひろなか》（陸奥三春出身。自由党幹部で福島事件に連座。衆議院議長、第二次大隈内閣で農商務相）、大竹貫一《おおたけかんいち》（新潟出身。のち普選運動で活躍）、高橋秀臣《たかはしひでおみ》ら委員一九名が決められている。この会の特徴を研究した酒田正敏は次のような特徴を指摘している。

①中央政界に強い志向性を持ちながらほとんどが国会議員に成りえず、地方議会議員かそれにも成りえない者が多い。「志士」という自負と実際の社会的地位との間に大きなギャップのある人たちであった。

②既成政党に対する強い反撥《はんぱつ》・批判を持っていた。政友会や憲政本党では幹部専制に党員が引きずられていると批判していた。

③東京・都市に集中しており、地方都市では地方新聞記者・弁護士と連絡を持っていた。当時問題化しはじめていた「都市問題」「社会問題」に強い関心があった。

④単位組織を若く新進の者＝「少壮者」の集団としており、〝老耄《ろうもう》の時代遅れの政治〟に代わり少壮者が政治の実権を握るべきだと考えていた（酒田〔一九七八〕二八三頁）。

当時の政治に強い関心を抱いた東京・都市の知的青年たちが中心であり、現状変更の意欲は強いのに社会的に満たされず、それが既成政党・政治・老年世代に対する批判的姿勢として表れていることがわかる。典型的な「革新青年」「革新派」であり、昭和に至るまで繰り返されることになるパターンの原型である。ポピュリズム的傾向が強いとも言えよう。

トップリーダー層は二八名で、全国のサブリーダーは各県五名前後、計二〇〇名程度と見られている。トップリーダー層中のトップリーダーと目された河野広中は、自由民権運動の福島事件（一八八二年）以来の著名人であり、当時は勅語奉答文事件（一九〇三年、第十九回帝国議会で、新任の河野衆議院議長が明治天皇の開院の勅語に対する奉答文のなかで、先例を破り政府批判の文言を入れた事件。桂首相はただちに衆議院を解散した）でも知られていた。九月五日の国民大会の議長ともなるが、実は重要な会議には全然出席しておらず、自由民権運動以来の盛名が「少壮者」によって利用された存在であった。運動の「民党」イメージに好都合な「シャッポ」的存在にすぎなかったとも言えよう（酒田〔一九七八〕二八四〜二八五頁）。このあたりにも、大衆動員のためのイメージの重視という新しい戦略と、「少壮者」が実質的に動かしているという運動の「革新派」的体質とが見てとれるのである。

彼らは、七月の講和問題同志連合会結成と同時に演説会や地方遊説を行い、講和条約の内容を徹底的に批判する運動を展開していった。例えば「国民大会」直前の九月三日にも、大阪、宇都宮、呉《くれ》、高松で県民・市民大会を開いている。

彼らが九月二日に事務所に集まり、九月五日午後一時に日比谷公園にて「国民大会」を開催することを決定したのである。また、午後二時に新富座《しんとみざ》で政談演説会を開くことや、その後折詰・酒二合の懇親会を開くことも決められた。会場の日比谷公園を下見した彼らが混雑を恐れ、公園では決議のみに留《とど》め、演説会は別会場で開催することを企図したと言われており、これが大勢の群衆を街頭にあふれ出させる一因になったとも言われている。

日比谷公園を管理する東京市には、九月四日午前中に「松本楼《まつもとろう》付近樹林中に於て花火二発打上の為《た》め土地使用仕度《したく》」という公園使用願書を提出しており、「今や一大覚悟を決すべきの時となれり……日比谷公園に於て国民的大会を催し、天下同憂の士と共に其の所志を明かにして以て大いに決する所あらんとす」というビラ数万枚を撒布した（社会問題資料研究会〔一九七四〕四六頁）。

前述のように、屋外の政治集会は自由民権運動にも初期社会主義運動にも存在したのだが、それらは主催者が行動するのを参加者が観覧するものにすぎず、この「国民大会」において初めて、決議の可決をする参加者としての政治的大衆が登場することになったのである。また、「国民」という特定化されていない参加者が想定されることになったことも特質と言えよう。

「国民大会」開始まで

さて、『国民新聞』以外のほとんどすべての新聞は講和条約に反対していたわけだから、このころ新聞の投書欄には「二十万の将卒を殺傷」しながら「桂公爵《こうしゃく》小村伯爵《こむらはくしゃく》〔寿太郎《じゅたろう》。外相・ポーツマス講和会議の日本全権〕以下の新栄遇を見るに止まるとせば、我が五千万の蒼生こそ此上もなき、いい面の皮ならずや」、桂首相は「何、講和条件が不足で憤慨《ふんがい》だと、戦死者が可愛想だと……うるさい……おらあオコイ〔桂の愛妾お鯉のこと〕を割譲さいしなければ大丈夫」と言っている、などという投書が出て揶揄《やゆ》されるという有り様になっていた（藤野〔二〇一五〕二九～三〇頁）。

また街頭には多くの張り紙が見られたが、「桂伯我党刺客の為め暗殺」「元老閣臣暗殺団体同志者」「小村……帰京の際は新橋停車場に於て身首所を異にするを覚悟せよ」「首を刎《は》ね」

「斬殺すべし」「売国の姦賊《かんぞく》を刺し」ということがしきりに書かれていた（藤野〔二〇一五〕三三頁）。川上親晴警視庁官房主事は「今回の国民の憤慨は維新以来初めての熱度であろう。……今度程其極に達して居る、で、どんな者が飛び出すか分からぬからわれわれは十分に取締りをして居る」と語っている（『万朝報』。松山〔二〇〇九〕五九頁）。

こうした状況であったから、警視庁はすでに大会届け出前に中止を決定、三日午後一時に最高幹部小川平吉《おがわへいきち》の出頭を求めたが、小川が出頭を拒絶したため幹部高橋秀臣に伝えた。四日午後に小川らはこれを協議し拒絶と決め、午後九時に小川がこれを電話で警察に伝えた。屋外集会届は四日午後十一時二十分に事務所の使用人をして高田三六《たかたさんろく》名義で麴町《こうじまち》警察署に提出せしめている。

向田幸蔵麴町警察署長は直ちに治安警察法第八条により禁止を決定、伝達しようとしたが、高田は行方不明となった。やむなく警察は小川に伝達しようとしたが、小川、河野らは委員を辞し行動の自由を確保、実行主体そのものをなくし伝達を回避しようとした。そこで警察は巡査を以て高橋を召喚、事実上の発起人として禁止を命じたので、最終的には何とか伝達した形となった。この間、首謀者は人足・俠客《きょうかく》・壮士の動員を行っていた。

『朝日』（九月五日）は、政府は禁止するかもしれないが、市民が公園内に入って遊ぶのは自由、という記事を出し煽動《せんどう》している。

警視庁は公園六門に木柵を設置して入場を妨害する準備を始め、各警察署から四〇〇名を簡抜して応援態勢を整えた。なお、警視庁は薩摩閥《さつまばつ》の勢力が強く、安立綱之《あだちつなゆき》警視総監、川上官房主事、向田麴町警察署長は薩摩出身の「旧式警察官」であるのに対し、松井茂《まついしげる》第一部長は、広島出身で一八九三年帝国大学法科大学独法科卒業、警視庁試補となりながら法科大学研究科で警察法を研究、一九〇一年から一年間欧米派遣という経歴を持った「新進」で、「警察制度の改革を企図」していた。この両者の取り締まり方針に角逐《かくちく》があったことが事件を大きくした一因という見方もある（社会問題資料研究会〔一九七四〕五〇頁）。

なお、日本橋魚河岸《うおがし》と神田多町《かんだたちょう》青物市場有志による白張提灯《しらはりぢょうちん》行列なども企画されていたが、警視庁はこれも禁止している。

「国民大会」当日の動き

九月五日、前夜国民大会の禁止を決めた警視庁は、午前八時から日比谷公園六門に警官約三五〇名を配置したが、早くも十一時には数千人が集まり統制しきれなくなった。そこで、警視庁は柵を設置して東京市に無断で各門を封鎖した。東京市に無断で封鎖をしたことに尾崎行雄東京市長が内務省・警視庁に抗議したが、警視庁では松井茂第一部長が応接し拒絶した。

午後〇時半には警官と群衆との間に乱闘が始まった。そこへ、市参事会員数名が警官を押し切って入園、これに群衆も続き「二〇三高地占領万歳」などと叫びながら公園に突入していった。松井第一部長の手記に、「或《あるい》は口々に警察官の不法を罵《ののし》り、或は麴町警察署長を殺せとか、或は国民大会禁止の理由を述べよとか、或は公園の閉鎖は不法なれば宜《よろ》しく柵を踏み破って入園すべしなどと絶叫する」とあるから、警察による集会の禁止自体が暴動の大きな原因の一つであることがわかる。これは暴動突発後、群衆は「少しく官吏風の者と見れば、之に対し暴行を試みんとした」という行為につながる（松井〔一九五二〕一四～一六頁、三一～三二頁）。松井は結局全門開放を命じた。

正門付近の警官は約三五〇人であったが、群衆は数万（憲兵報告二〇〇〇〇、警察は二万、新聞は七万～八万とする）という。そこへ、講和条約に反対する趣旨の「嗚呼《ああ》大屈辱」「風蕭蕭兮易水寒（風《かぜ》蕭《しょう》蕭《しょう》として易水《えきすい》寒し）」「億兆一心」「赤誠撼天地（赤誠天地を撼《うご》かす）」などと書いた大旗とともに大竹貫一、河野広中ら幹部が入場、旗を奪おうとする警官との格闘は続いた。

午後一時、大旗のほか「十万の碧血《へきけつ》を奈何《いかん》せん」という幕のついたバルーンのなか、喪章のついた小旗五〇〇〇本も配られ、大竹貫一が演説、河野広中議長により講和条約反対の決議が読み上げられた。その後、『君が代』が演奏され、天皇・陸海軍の万歳が唱えられ大会は終了した。

大会後、最初の衝突は、弔旗《ちょうき》を持ち二重橋前広場に移動した群衆約二〇〇〇（社会問題資料研究会〔一九七四〕）との間に起きた。群衆に対し警官隊が不敬を恐れて解散を命じたが、このとき群衆側の楽隊は『君が代』を奏していたため、大竹が「君ヶ代奏楽中無礼なり」と攻撃したことから起こったのである。

しかし、河野、大竹らは乱闘後「宮城前の流血は恐懼《きょうく》に堪《た》えずと速《すみやか》に旗を捲《ま》いて馬場先《ばばさき》門《もん》外に退去し、警官も亦《また》深く慎んで抜剣等の措置に出でなかった」という（社会問題資料研究会〔一九七四〕五五〜五六頁）。

その後、群衆は大きく三手に分かれて活動した。新富座では午後二時から演説会が開かれることになっていたが、正午に集合した人数は二〇〇〇を超え、午後一時には、二重橋付近で警官と衝突してきた「肝胆一剣寒」と大書した大旗を先頭にした二〇〇〇人がこれに加わった。午後一時半に多数の群衆に向田麴町警察署長が解散を命令、「会衆は総起立をなし解散の理由を示せ」として激怒乱闘、「暴状実に惨憺《さんたん》たるものなり」という状況で、午後五時まで乱闘が繰り返された。この間、隣の新駒屋の二階には講和問題同志連合会の山田喜之助《やまだきのすけ》ら十数名が群衆に「扇を開いて上下左右に煽《あお》」っていた（社会問題資料研究会〔一九七四〕）。

なお、以上は基本的に講和問題同志連合会リーダーの指導による活動であった。警察の記録によると、実際に行動したのは連合会の雇った人足、同志記者倶楽部の新聞配達人・号外売りが多いと見られているのである。

ただし、先取りして述べておくと、この後の焼き打ちなどでは、翌六日に講和問題同志連合会の佃信夫《つくだのぶお》が石油缶を壮士に持たせて交番を焼き打ちして歩いていた、という記録が例外的にあるだけであり、以後の事件は偶発性が高いのである（社会問題資料研究会〔一九七四〕）。

各所の破壊・焼き打ち

国民新聞社が襲われている挿絵が事件前の九月五日の『二六新報』朝刊に出ているが、こうした煽動を警察は注視し、国民新聞社にはすでに警察官が数名派遣されていた。しかし午後一時半ごろには四〇〇〇人が押し寄せ、石などを投げ込み乱闘が続いた。京橋署は多数の騎馬巡査を派遣して鎮圧に努めたが、長時間の騒乱で屋上の看板は外され、一・二階のガラス窓・扉は全部破壊され、輪転機二台などが破壊されるなどの被害にあった。

内務大臣官邸に向かった一団は、午後二時ごろ小村全権らの曝《さら》し首が描かれ「天誅《てんちゅう》」と題する「喝采を博し」た張り紙を警官が剝《は》がそうとしたのに激怒、警官に暴行を加えた後、官邸に逃げ込んだ警官を追って邸内に石を投げ込み、乱入・放火した。邸内に桂首相、芳川《よしかわ》

日比谷焼き打ち事件の模様を伝える挿絵
出所：『戦時画報』第66号臨時増刊「東京騒擾画報」，1905年９月18日．

顕正《あきまさ》内相が潜伏していると見られたのが放火の原因だという。警官も抜剣した抜刀隊を組織して反撃したので、群衆も仕込み杖、棍棒《こんぼう》で抵抗、多くの負傷者が出た。「群衆等其の光景は将《まさ》に革命を思わしむるもの」（社会問題資料研究会〔一九七四〕六〇頁）という状況であった。

実際に芳川内相は邸内におり、午後七時にはついに軍隊の出動を要請し、近衛師団・第一師団から三個中隊が出動、午後十時半ごろまで騒ぎは続いた。警官の抜剣に怒った群衆はその後翌日に至るまで暴行を繰り返し、七日までに警察・分署一一か所、派出所二五八か所が破壊・放火された。東京市内の派出所約七割が消失したのである。

社会主義者吉川守圀《よしかわもりくに》は、人力車夫らしい老人が「お茶の水の交番は日頃戸籍の事で八釜《やかま》しく云《い》ってうるさいから是非《ぜひ》焼いて貰《もら》い度《た》い」と群衆に頼みカンテラ道具を持ち出して来た、と記録しており、桂太郎も「悪書生」が警察にある自己の書類を焼失させようとして焼き打ちしたことや、電車のため職を奪われた人力車夫が電車を焼き打ちしたことを伝えている（酒田〔一九七八〕二九八～二九九頁）。こうした日ごろの不満が警察攻撃の一原因と見て間違いないであろう。

群衆は路面電車を襲い、教会も攻撃した。後者はキリスト教徒をもってロシアのスパイと見なす誤解と、浅草公園内で浅草観音信仰を迷信だとする説教をキリスト教徒が日ごろから行っていたことが原因だと言われているが、松本武裕検事は六日午後三時に浅草公園でキリスト教布教者が「露国は戦に敗るるも樺太の一半を失うに過ぎず且《かつ》償金の支払を免れたるは畢竟《ひっきょう》露国が基督教《キリスト》を信ずるが故なり」と言ったのが原因だとしている（社会問題資料研究会〔一九七四〕六七頁）。

六日深更に至り政府は戒厳令の一部を施行、新聞雑誌の発売禁止などの権限を内相に与える緊急勅令も公布した。こうして七日から東京は近衛師団・第一師団の支配下に入った。七日にも午後六時すぎ、約二〇〇名の群衆が本所《ほんじょ》警察署を襲撃、五名の死傷者と四六名の逮捕者を出すなどのことがあったが、東京の事件はこの日でほぼ収束した。原因は戒厳令の施行と七日夕刻からの降雨によるという。

なお群衆の数について、中筋直哉《なかすじなおや》のように、公園内が五〇〇〇人、各群衆がほぼ四〇〇〇

〜五〇〇〇人、警察施設の焼き打ち現場がのべ数万人とする見方があり、確定しているわけではなく、また確定させるのは無理でもあろう（中筋〔二〇〇五〕一五三〜一五四頁、一七六頁）。

警察に逮捕などされた者と負傷者などについては以下のような統計がある。

【逮捕者】

・警察署に引致された者約二〇〇〇、起訴者三〇八、予審有罪一一七、予審免訴一九四、公訴権消滅二（社会問題資料研究会〔一九七四〕一〇五頁、附録八〜二七頁）
・兇徒聚《しゅうしゅう》衆罪一〇一名（『法律新聞』一九〇六年九月五日〜十月十日、藤野〔二〇一五〕四二頁）
・被告人三一一（松尾〔二〇〇二〕一一頁）
・警察に引致された者一七〇〇余名、起訴三〇八、有罪八七（松山〔二〇〇九〕六四頁）
・拘引《こういん》一〇〇〇、検挙者約二〇〇〇、起訴三〇八、（升味〔一九六五〜八〇〕第四巻、九六頁。中村ほか〔一九六七〕）
・起訴三〇八（中筋〔二〇〇五〕一五七頁。松本武裕検事の報告による）
・予審有罪者・予審免訴者合計三一一（中筋〔二〇〇五〕一五七頁）

【負傷者】

・警察官など約五〇〇（警視六、警部二六、巡査四二二、消防士・軍人約四〇）。一般民衆負傷者五二八、うち死亡者一七（社会問題資料研究会〔一九七四〕七一～七二頁）

・警察四五四、消防・軍人四二。群衆五二八（記録、警察にほぼ一致）、死者一七、実際二〇〇〇～三〇〇〇（松山〔二〇〇九〕六三～六四頁）

・一七名の死者と無数の負傷者（松尾〔二〇〇二〕一六頁。社会問題資料研究会〔一九七四〕七二頁）

・人民の死傷五五八、巡査四七一（升味〔一九六五～八〇〕第四巻、九六頁）

この事件についての最新の優れた研究である藤野〔二〇一五〕にも正確な数字がないので確定しにくいのだが、以上をまとめると、逮捕者約二〇〇〇名、起訴者三〇八名、警備側の負傷者約五〇〇名、群衆の死者一七名、負傷者二〇〇〇～三〇〇〇名の可能性が高いと言えよう。

また、中筋は、「昼・都心型」の警官隊との武力衝突＝「昼の群衆」と、「夜・全市型」の交番・路面電車の焼き打ち＝「夜の群衆」との二つの群衆の存在を指摘しているが、これまで見てきたように、前者には講和問題同志連合会の指導性が関わっており、後者のほうは自然発生性が高いと言えるかもしれない。さらに、逮捕者からは、①比較的若い工場職工や手工職人・雑業層、②比較的年をとった小売商・伝統職人、という二類型の存在が指摘されている（中筋〔二〇〇五〕一五二頁、一六七頁）。

東京市以外での展開

全国での展開を見ておくと、八月三十一日から十月四日の枢密院《すうみついん》の条約承認までの間に、全国の各種団体により二三七件の反対決議などがなされており、県民〜町民大会レヴェルでは一六五件の決議がなされている。

当時の衆議院議員選挙区都市部の五三市三区のうち、大衆集会が開かれなかったのは金沢、佐賀の二市だけである。ただし、おおむね平穏に終わっており、デモ・騒擾《そうじょう》が起きたのは神戸、横浜だけである。神戸では、九月七日に伊藤博文の銅像が引き倒され、市内の福原までのデモで引き回されている。伊藤が軟弱外交の根源と見なされていたからである。横浜では九月十二日に演説会の弁士の欠席から聴衆が怒り出し、一〇か所の派出所が打ち壊し・焼き打ちにあっている。この二か所以外が平穏に終わったのは、日比谷焼き打ち事件の経験から、警察が取り締まりをソフトにしたからであったという（松尾〔二〇〇一〕二三〜二六頁）。

3　事件をどう見るか

戦勝祝捷会と群衆

日比谷焼き打ち事件の考察にあたってそのポイントとしてまず第一に、戦争中にたびたび開かれていた戦勝祝《しゆく》捷《しよう》会が群衆形成の重要な要因となっているということを指摘しておきたい。

日露戦争の当初、国民の戦争支持はそれほど熱心でなかった面があったと言われている。政友会の幹部であった原敬は「我国民の多数は戦争を欲せざりしは事実なり」と記しており、既述のように『国民新聞』の徳富蘇峰は、国民の戦争に対する熱心さは日清戦争当時の半分もない、とロンドンの深井英五に書いている（片山〔二〇〇九〕一〇七頁）。

しかし、戦闘の勝利につれて、やはりそれは盛り上がっていったと見るべきであろう。その際、その気運に大きく寄与したのが戦勝祝捷会の開催であった。それが最も盛んであった東京の事例をまとめると次のようになる（提灯行列・旗行列・祝捷会に参加した人数〔新聞掲載の届出人数〕）。

一九〇四年二月十日、仁川沖《じんせんおき》海戦勝利、提灯行列二三〇〇人参加
五月四日～二十一日、九連城《くれんじょう》占領、五万七三五〇
五月三十日～九月一日、金州《きんしゅう》占領など、三万五二八〇
九月五日～二十四日、遼陽《りょうよう》占領、四万二九六九
一九〇五年一月二日～二十三日、旅順開城、一〇万一四五〇
三月十一日～四月十五日、奉天《ほうてん》占領、二一万二八〇〇
五月三十日～六月十一日、日本海海戦戦勝、一三万三八七〇

これは新聞掲載の届出人数であるから、届け出ていない者や見物人まで含めると、これらを凌《しの》ぐ夥《おびただ》しい数の人間が参加したものと考えられる。実際、ある提灯問屋の話によると、提灯を一日二万や三万個以上仕上げても足りなかったという（『中央公論』一九〇四年七月号）。その場合、多くの行列は、戦争の前年一九〇三年六月に開園した日比谷公園に集合した後に解散している。ここに日比谷公園の意義が生まれてくる。

旅順口閉塞、九連城占領などで戦勝気分が盛り上がっていた一九〇四年五月三日には万朝報社主催の提灯行列が行われたのをはじめ、連日連夜の提灯行列が続き、新聞各社が前宣伝をして煽った五月八日の市内新聞社通信社主催の東京市民大祝捷会は、三万人とも一〇万人

とも言われる大群衆が集まっている。「憲法発布式の当日に比すべき盛況」だったのである。そして、この日は行列の途中で混乱が生じ、二一名の死者が出る大惨事となっている。すなわち、日比谷公園で群衆が熱狂し死者まで出る事態は実は戦争終結前にすでに起きていたのであり、それは「勝利への熱狂」としてまず起こっていたのである。

続く遼陽での勝利を祝って九月六日に開催された東京市民祝捷会では、日比谷公園に一万人以上が集まり、音楽隊を先頭に旗や提灯を振り万歳を唱えているが、こうした祝捷会や行列では、日本酒やビール、寿司や肴《さかな》などが提供され、イルミネーションや絵画、花火や剣術試合、活動写真や能狂言などが催されることが多く、それは文字どおり〝祝祭的な熱狂の空間〟を現出していたのである。

こうした熱狂による無秩序を嫌う警視庁は夜間の提灯行列を禁止しており、二月の仁川沖海戦勝利を祝う提灯行列から五月四日の九連城占領祝捷提灯行列までの間、祝捷行列は一度も行われていない。そして多数の死者が出た五月八日の祝捷会以降、警視庁は規制を強化し、行列や祝捷会における時間・音響の制限、酒気排除、異様な服装の禁止などを実施している。『万朝報』のように行列の秩序化を提案するところもあったが、政府に比較的近かった『東京日日新聞』などを例外として新聞各社はこのような規制を批判している。

なお、ここでは東京のみの例を挙げたが、東京以外の地方でも、たとえば福島県では、開戦直後の二月十一日の紀元節に福島町で行われた提灯行列の際に、有力商店が店前で酒樽と肴を提供したため、多数の泥酔者が出る騒ぎとなっており、同県の桑折町《こおりまち》、郡山、梁川町《やながわまち》など各町村でも同様の戦勝祝捷会が開催されている。

すなわち、こうした戦勝祝捷会や提灯行列において、すでに群衆は現れて死者まで出る状態となっており、また主催者として彼らを煽動した新聞社の影響力もすでに明確に現れていたのである。

また、それが〝奔放《ほんぽう》〟なものになりがちなことを警戒した官憲による〝禁圧〟が、〝爆発〟をむしろ招いていた可能性が高いことにも注目せねばならない。日比谷焼き打ち事件後の地方における取り締まりのソフト化が騒乱的事態を回避させているのが、その間接的証明ともなろう。

東京で多くの行列の目指した場所は皇居であり、日比谷公園に集合して解散するという形もパターン化しつつあった。神聖な「皇居」を目標としつつ、集合と解散の身近な場所としては日比谷公園を設定するという形が成立しつつあったのである。「皇居」と「日比谷公園」はこの時代日本の群衆の統合点であり、沸騰点であったとも言えよう。なお、日清戦争（一八九四～九五年）における戦勝祝捷会や戦争に伴うさまざまな出来事がナショナリズムを醸成したことについては、すでに木下〔二〇一三〕や松山〔二〇〇九。一八～二五頁〕などの指摘があり、傾聴に値するが、大きく言えばそれらは日露戦争におけるそれの前期的形態と見ればよいであろう。

新聞と大衆

次に重要な論点として新聞と事件との関連という問題がある。何よりも河野広中、小川平吉ら事件関係者が、暴動の波及が急速となった原因として警察への憤懣《ふんまん》が浸透していたこととともに「新聞が是《これ》を煽動的に報道せることを挙げて居る」のであるが、取り締まる側もこれを「傾聴に値すると思う」と著していることは見逃せない（社会問題資料研究会〔一九七四〕七五頁）。

この点について松尾尊兊《まつおたかよし》は次のような重要な指摘を行っている。

「調査しえた各種の地方新聞によるかぎり、まず注目すべきは運動の組織には必ずといってよいほど、地方新聞社、ないしはその記者が関係していることである。新聞は政府反対の論陣を張り、あるいは各地の運動の状況を報ずることで運動の気勢を高めただけではなく、運動そのものの組織にあたったのである」（松尾〔二〇〇一〕二六頁）

すなわち、以下のような事例が挙げられる。

八月二十日、九月八日　二回にわたる和歌山県民大会。『和歌山実業新聞』『和歌山新報』（政友会系）、『紀伊毎日新聞』『南海新報』（憲政本党系）四社共催
九月三日、五日、十八日　三次にわたる呉市民大会・広島市民大会。地元新聞記者団主催。名古屋市民大会・愛知県民大会。記者団が準備
九月九日　静岡県民大会。『静岡新報』（政友会系）、『静岡民友新聞』（憲政本党系）両社と静岡県選出の政・憲両党代議士が発起人
九月十二日　新潟県民大会。『東北日報』『新潟新聞』『新潟公友』『新潟日報』四社発起
同日　長崎市民大会、九月二十日長崎県民大会。『長崎新報』『九州日の出新聞』『鎮西日報』『長崎新聞』四社と、県会・市会の両議長などが発起人
同日　市制施行地でないところでも、愛知県豊橋町や新潟県長岡町などで地方新聞社の発起による町民大会開催

「判明するかぎりのほとんどすべての集会には、新聞記者が発起人あるいは弁士の一員として参加しているのが実状である」（松尾〔二〇〇二〕二六～二七頁）

こうした新聞の激しい反対運動が日比谷焼き打ち事件を誘発した有力な原因であることは間違いないが、それがのちの憲政擁護運動（護憲運動）・普通選挙要求運動（普選運動）につ

ながったことも否定できない。それは運動の形式と内容の二つの面から指摘しうる。

形式というのは運動の指導部の形成の仕方に関わる。すなわち、こうした講和条約反対運動の形成にあたっては、見てきたように新聞社もしくは新聞記者グループが中軸になり、そこに政党人、実業団体員、弁護士が加わって中核体が構成されているのである。のちの護憲運動・普選運動も同様の形成方式になっており、その起源はこの日比谷焼き打ち事件に象徴されるポーツマス講和条約反対運動にあったと明確に指摘されうるのである（松尾〔二〇〇一〕三二頁）。

内容的には次のことが言える。日露戦争中に『万朝報』（一九〇四年十一月十九日）は「民権拡張の好機」という論説を掲載、「時局は挙国一致の義務を要求すると同時に、又民権拡張の権利を与えつつあり、即《すなわ》ち義務のある所又必ず権利あり」と、戦争にともなう民権拡張＝普選論を主張したのである。戦争以前には選挙権拡張に反対していた島田三郎《しまださぶろう》は「国家の安危を分担する者は国政に参与する権利あるべし」、したがって戦後は大いに「選挙権拡張を主張せん」と説を改めた（『大阪毎日新聞』一九〇五年三月二十四日）。

講和条約に反対した陸羯南《くがかつなん》の『日本』が展開した「兵役を負担する国民、豈《あに》戦争を議するの権なしと謂《い》わんや」（一九〇五年七月四日）という論理——兵役の負担と講和すなわち政治について議論する権利をイコールで結ぶ論理——が普選運動に直結するものであることは見やすい道理であろう（松尾〔二〇〇二〕一五〜一六頁）。

こうして新聞に支えられた講和条約反対運動が日比谷焼き打ち事件のような暴力的大衆を登場させ、またのちの護憲運動・普選運動をも準備したのである。両者は最初からぴったりと結びついており、切り離すのは難しいものなのであった。

天皇、ナショナリズム、軍隊

日比谷公園での「国民大会」の模様について、『君が代』が演奏され、天皇・陸海軍の万歳が唱えられて大会が終了したことをすでに見た。また、午後一時半すぎに起きた最初の衝突は、「億兆一心」「赤誠撼天地」などと書いた大旗を持ち宮城前広場に移動した群衆を警官隊が取り締まったとき、楽隊が『君が代』を演奏しようとしていたので群衆が激昂《げきこう》したのが原因と見られている。

また、祝捷会の様子を説明したところで次のように述べた。「東京で多くの行列の目指した場所は皇居であり、日比谷公園に集合して解散するという形もパターン化しつつあった。神聖な「皇居」を目標としつつ、集合と解散の身近な場所としては日比谷公園を設定するという形が成立しつつあったのである。「皇居」と「日比谷公園」はこの時代日本の群衆の統合点であり、沸騰点であった」。

読者の労をいとわずに繰り返し書いたのは、日本に最初に登場した大衆は天皇とナショナリズム（それも「英霊」的なものによって裏打ちされたもの）によって支えられたそれであったことが、明白に理解されると思われるからである。

さらに、新聞論調に多いのは次のような内容である。

「陛下の有司は陛下の聖意に背き陛下宣戦の大詔に悖戻《はいれい》して、陛下の国民と共に期待し給える帝国の光栄を傷け……泣血悲憤の至に堪えず」（『大阪朝日』九月一日）

「嗚呼、国民は閣臣元老に売られたり」「呆れ返った重臣連」（『万朝報』九月一日）

「元老、内閣の官爵、位勲を号奪《ごうだつ》せよ」（『報知新聞』九月二日）

「今は言論の時代にあらず、実行の時代なり」（『報知新聞』九月三日）

また、大会当日の張り紙はすでに見たが、戒厳令施行後に見られた張り紙も同じように「小村全権は日本を売る国賊なり、誰か之に誅せよ」「詔勅に背きたる逆臣は宜しく誅すべし」といったものがきわめて多い（なお、中筋直哉は、当時のリテラシーは低かったので群衆は国家主義的言説を理解できただろうかと問うているが、天皇崇拝意識はそれほどのリテラシーを必要としないであろう。中筋〔二〇〇五〕一六〇～一六一頁）。

こうした意識を集約したとも言えるのが九月四日正午前、講和問題同志連合会を代表して河野広中が大竹貫一ら二七名連署の下に宮内省に提出した以下の上奏文である。

「草莽《そうもう》の微臣河野広中等謹みて奏す。謹みて惟《おもんみ》るに征露の戦役は洵《まこと》に無前の盛挙、曠古《こうこ》〔空前〕の大業にして其盛功は陛下の御稜威《みいつ》と陸海軍の忠勇精鋭とに是れ由る。……然るに陛下の閣臣及全権委員等深く之を思わず、講和の局面遂《つい》に今日あるに至りては、……閣臣全権委員は実に陛下の罪人にして又実に国民の罪人なり……仰ぎ願くは陛下宸衷より聖断し給わんことを」（社会問題資料研究会〔一九七四〕四三頁）

天皇のおかげで国家は発展しつつあり国民も頑張っているのに、天皇周辺の愚かな大臣らのため国民は悲惨な目にあいつつある、天皇の親政・聖断を行い君側の奸《かん》を打倒し国民を救済する政治を行ってもらいたい、という主張である。これに最も類似した文章は「謹んで惟るに我神州たる所以は」で始まり、「万民の生成化育を阻碍《そがい》して塗炭の痛苦に呻吟《しんぎん》せしめ」ている「君側の奸」の「斬除」による「国体の擁護開顕」を、と説いた二・二六事件（一九三六年）の「蹶起趣意書《けっきしゅいしょ》」であろう。

そしてその淵源は幕末の武力倒幕派に遡《さかのぼ》る。すなわち、それはニュアンスの違いはあっても、幕末の尊攘倒幕派から二・二六事件につながる「一君万民」「尊皇討奸」的意識を強く持ったものであった。

日露戦争後に北一輝《きたいっき》が最初の著作『国体論及び純正社会主義』を書いたとき、その内容が日露戦争を国民の側から肯定しつつ国民の平等＝社会主義を説く、国家社会主義的なものになったのは当然と言えるかもしれない。そして彼こそが、幕末の武力倒幕派を、社会主義を経て二・二六事件につなげるものという評価があるのも当然のことと言えよう（神島〔一九五九〕）。

言い換えれば、日比谷焼き打ち事件は思想的には幕末武力倒幕派から二・二六事件に至る系譜の中間的結節点になる事件なのでもあった。

なお、群衆が警官とは戦っても軍隊と戦おうとはしなかったことは、鎮圧が速やかになった一つの原因と見られており、軍隊は武力によって群衆を抑えたのではなく、威光によって治めたのであった。九月六日の夜、日比谷公園付近で社会主義者木下尚江《きのしたなおえ》は、群衆が「軍隊の動いて来るのを見ると「陸軍万歳」と絶叫する」のを目撃しており、民衆が兵士の銃剣によって負傷しても「軍人諸君の万歳を唱えた」り（『万朝報』九月六日付録）、「修羅場も一度軍隊の影を認むるや、左《さ》しも警官に対して激昂の極に達せる民衆も直ちに道を開いて静粛の状態に帰する」（『時事新報』九月九日）という記録は多い（木下〔一九〇六〕。松尾〔二〇〇一〕一一四〜一一五頁）。

こうした軍隊崇拝意識は、軍隊が「天皇の軍隊」であり「国民の軍隊」である限り、天皇とナショナリズムへの渇仰意識から当然のように現れるものであり、そのコロラリー（当然の帰結）と言えよう。

4　漱石と日比谷焼き打ち事件

『坊っちゃん』に描かれた祝捷会

夏目漱石《なつめそうせき》が『坊っちゃん』を書きはじめたのは一九〇六年三月十一日ごろからであり、書き終わったのが三月二十五日か二十六日であったと言われている。一方、日比谷焼き打ち事件の公判が始まったのが二月二十七日で、三月二十八日に第七回公判が終わっている。

このころ陸軍の凱旋《がいせん》大歓迎会が開かれ、群衆が「上野公園に雲霞《うんか》と許《ばか》り集合」（松山〔二〇〇九〕六九頁）するようなことが繰り返された。他方、電車賃値上げの市民大会がしばしば日比谷公園で開かれ、三月十五日には群衆が暴力化している。すなわち、前年九月の日比谷焼き打ち事件を思わせるなかで『坊っちゃん』は書かれたのである（松山〔二〇〇九〕三七～九〇頁）。

『坊っちゃん』は祝捷会で生徒を引率した様子を次のように叙述している。

「祝勝会で学校はお休みだ。……生徒は小供《こども》の上に、生意気で、規律を破らなくっては生徒の体面にかかわると思ってる奴等《やつら》だから、職員が幾人《いくたり》ついて行ったって何の役に立つもんか。

命令も下さないのに勝手な軍歌をうたったり、軍歌をやめるとワーと訳もないのに鬨《とき》の声を揚《あ》げたり、まるで浪人《ろうにん》が町内をねりあるいてるようなものだ。軍歌も鬨の声も揚げない時はがやがや何か喋舌《しゃべ》ってる。……いくら小言を云《い》ったって聞きっこない。喋舌るのもただ喋舌るのではない、教師のわる口を喋舌るんだから、下等だ。おれは宿直事件で生徒を謝罪さして、まあこれならよかろうと思っていた。ところが……謝罪だけはするが、いたずらは決してやめるものでない。よく考えてみると世の中はみんなこの生徒のようなものから成立しているかも知れない。……もし本当にあやまらせる気なら、本当に後悔するまで叩《たた》きつけなくてはいけない」

この「本当に後悔するまで叩きつけなくてはいけない」という徹底した嫌悪と攻撃性を孕《はら》んだ、漱石の辛辣《しんらつ》な観察眼が発揮された生徒をはじめとする人間像は何を指しているのか。松山がすでに答えている。

「漱石はこの事件〔電車賃値上げ反対暴動事件〕が起きた翌日あたりから『坊っちゃん』を書きはじめている。漱石は『坊っちゃん』によって近代人を徹底して揶揄する。

近代人とは群れを頼んで自分は責任をとらぬ者たちである。中学に赴任した坊っちゃんは宿直の折に、生徒たちにバッタを蒲団《ふとん》のなかに入れられる。生徒たちは自分たちの悪戯《いたずら》を認めようとしない。坊っちゃんが問題にしても校長や教頭も責任を回避しようとする。

群れのなかで個を失った人間は漱石にも、当時の読者にとっても身近な存在であった。漱石の頭のなかには電車賃値上げ反対運動があり、日比谷事件での電車を止め、焼き払った群衆の動きがあったはずである」（松山〔二〇〇九〕七六頁）

松山は、漱石の祝捷会の描写のなかに出てきた生徒らのなかに、日比谷焼き打ち事件の大衆を見ているのである。それは通常考えられているような、都会人の田舎《いなか》の人間に対する単なる蔑視《べっし》ではなく、近代の大衆批判だというわけである。鋭い指摘と言えよう。

しかし、松山の議論は結論部では以下のようになる。

「「巾着切りの上前をはねなければ、三度の御膳が戴けない」ような世間への怒り。この怒りこそ『坊っちゃん』の主題であることは間違いない。それは漱石が『坊っちゃん』を一気に書き上げた同じ時期に、電車を焼き払うほど荒れなければならなかった群衆の心理である」（松山〔二〇〇九〕九〇頁）

ここには微妙な論点のズレがある。坊っちゃん＝漱石は大衆批判をしていたはずなのに、ここでは坊っちゃん＝漱石の「世間への怒り」は「電車を焼き払うほど荒れなければならなかった群衆の心理」と等価とされているからである。坊っちゃんの「怒り」は荒れる「群衆の心理」に向けられているはずなのに、それが「群衆」と同じ種類のものなのであれば、大衆批判が成り立たなくなるはずだ。どうしてこのような錯誤《さくご》が起きたのか。

エリート漱石の感慨

祝捷会の場面には、式の終わった後の様子について次のような叙述もある。

「式の時はさほどでもなかったが、今度は大変な人出だ。田舎にもこんなに人間が住んでるかと驚《おど》ろいたぐらいうじゃうじゃしている。利口《りこう》な顔はあまり見当らないが、数から云うとたしかに馬鹿に出来ない」

松山は指摘していないが、「利口な顔はあまり見当らないが、数から云うとたしかに馬鹿に出来ない」という坊っちゃんの感慨こそ、エリート漱石が日比谷焼き打ち事件に見た感慨であり、二十世紀大衆社会の出現をエリート知識人の側から言い当てた言葉であったと見るべきであろう。しかし、そこに焦点をあわせることに松山は躊躇《ちゅうちょ》したのであろう。そうしないと漱石を多くの大衆読者のところに持っていけないからだ。こうして「電車を焼き払うほど荒れなければならなかった群衆の心理」は否定的に見られるとともに、共感をもっても見られることになったものと思われる。大衆への批判と同調への両義的叙述である。

これを妥協や譲歩と見る人もいるかもしれないが、この叙述は一面では正しい指摘と言えるかもしれない。なぜなら前節の「新聞と大衆」の項に書いたように、事件をめぐる大衆像には両義性があるからだ。

焼き打ち事件後、ある雑誌に事件について講和問題同志連合会のリーダーたちの意見が掲載されたことがある。そこには、リーダーたちのなかに、ロシアやドイツの「虚無党《ニヒリズム》」や「社会党」を想起して「暴動」「無政府無警察の状態」を思い、「一種異様の感愴《かんそう》に打たれた」者もいれば、「日本人にもレボリューションが出来る様になった」「立憲政治の基礎を確立する事も難事でない」と考える者もいる（「立憲政治」というのは「民主主義」という意味のようだ）。リーダーたちにとっても事件はやはり両義的なのである。

そして、後者からは高橋秀臣のように、「従来、演説及新聞紙の功能」については「欧米各国」のように「重要視」されていなかったが、講和問題で「我同志」が全国で演説を行い、新聞に筆を執って「民論の発揚に力めたる結果、人心は立どころに帰一して輿論《よろん》は瞬間に成立せられ、其勢の熾《さか》んなる、真に空前の事と称せらる。是れ実に、演説及新聞紙の功能にして、従来、世に重要視せられ居らざりし此二大要具が、偉大の功能を国政の上に建つるに至りたる」と言う人が現れている（酒田〔一九七八〕三〇一頁）。

「演説及新聞紙の功能」により「人心は立どころに帰一して」「瞬間に成立せられ、其勢の熾んなる、真に空前の事と称せらる」「輿論」の時代が到来したのである。これをどう見るべきか。ともあれ、日比谷焼き打ち事件はこの両義性を抱えつつ、日本における二十世紀の大衆の時代、ポピュリズムの時代の幕を開けたのである。

第2章　大正期の大衆運動

日比谷焼き打ち事件後、米騒動までの大正期の民衆騒擾を整理した一覧表が表1である（アンドルー・ゴードンが作成、藤野裕子が修正したものに、さらに用語などを多少修正した）。これらは重要ではあるが、昭和前期を主題とする本書では紙幅からして全部を取り扱うことは不可能である。そこで必要なポイントについてだけ触れておくことにしたい。

このうち桂太郎内閣を倒した第一次憲政擁護運動（大正政変）と米騒動はあまりにも有名であり、高等学校の歴史教科書にまで掲載されており、概略は知られているので説明を要しないと思う（近年の成果をまとめたものとして、藤野〔二〇一五〕六二～六三頁、六五～六六頁、二三九～二七〇頁がある）。前者ではついに大衆が議会を取り囲み、桂内閣を倒したのであり、

表1　東京市における暴動事件（1905〜18年）

年	月	政治的トピックス	集会場所	主催団体	襲撃対象
1905	9	日比谷焼き打ち事件	日比谷公園	講和問題同志連合会	警官，新聞社，内相官邸，派出所，教会，電車など
1906	3	電車賃値上げ反対	日比谷公園	田川大吉郎，日本社会党	電車，電車会社事務所など
	9	電車賃値上げ反対	日比谷公園	帝室中心社会主義大日本青年義団	電車
1908	2	増税反対	日比谷公園	社会主義同志会	電車
1913	2	憲政擁護	国会議事堂周辺	立憲青年連合会	議員，警官，新聞社，派出所
	9	対中強硬政策運動	日比谷公園	対支同志会	警官，外務省
1914	2	山本内閣倒閣運動（シーメンス事件）	日比谷公園	対支連合会	議員，新聞社，電車，派出所
1918	2	普通選挙要求運動	上野公園	大竹貫一ほか	警官と衝突
	8	米騒動	日比谷公園	宮武外骨	商店・飲食店，電車，自動車，米商，吉原遊廓

出所：ゴードン〔1996〕63頁をもとに作成された，藤野〔2015〕61頁の表を微修正.

後者では戒厳令が布《し》かれ軍隊が全国的に出動しようやく鎮圧したのである。大衆の力は圧倒的なものになった。

そうしたなか、重要でありながらほとんど知られていないものを以下では三件だけ扱っておきたいと思う。まず第一に説明しておきたいのが対中強硬政策運動である。

対中強硬政策運動

一九一一年に起きた辛亥《しんがい》革命は、袁世凱《えんせいがい》の大総統就任によっていわば簒奪《さんだつ》された形になったが、これに対し革命派が二年後の一九一三年に起こしたのが第二革命であった。しかし孫文《そんぶん》、黄興《こうこう》ら南方の革命派は敗れ、日本に亡命することになる。このとき参謀本部や出先軍人は南方の革命派を支援しており、このことが以下のような日中の対立となる暴力事件を誘発したのだった。それは以下の三つの事件である（三事件については栗原〔一九六六〕一〇三〜一一三頁が詳しい。最近の成果として宮田〔二〇一四〕一七五〜一八〇頁が新たに『日本外交文書』資料を追加して考察している）。

①漢口《かんこう》事件（一九一三年八月）。日本陸軍の西村彦馬少尉ら二名が漢口の停車場で暴行・監禁を受けた事件である。日本側は厳しい処分・陳謝を要求、それに対し中国が謝罪し責任者を処分している。

②兗州《えんしゅう》事件（一九一三年八月）。日本陸軍の川崎亨一大尉が兗州から山東《さんとう》省の済南《さいなん》に向かう列車内で逮捕され、兗州の兵営内に四日間監禁された事件である。これも中国は謝罪し、責任者を処分している。

③第一次南京《ナンキン》事件（一九一三年九月）。南京内に入城した政府軍（北軍）兵士が、国旗を掲げて領事館に避難中の日本人を襲撃した事件である。日本人三名が死亡し、三四軒の商品・家財が一切掠奪《りゃくだつ》され、国旗が攻撃されている。これも最終的には中国が謝罪し責任者を処分しており、六四万ドルの賠償を支払っている。

これらは日本が革命軍（南軍）側と見られていたことが原因で起きたと見られているが、

この一連の事件に対する新聞・雑誌報道は誇大なところもあったので、世論は激昂した。当時の対外強硬世論の背景をよく知っておくために、ここではやや長くなるが、現地に近い分、日本のものより正確度が高いと思われる、上海《シャンハイ》で出されていた雑誌に掲載された第一次南京事件についての報道を挙げておこう。見出しは、「陥落後の南京　奪掠と強姦と虐殺と同胞数名惨禍《さんか》を蒙《こうむ》る」である。

「九月一日正午南京陥落し北軍城内に闖入《ちんにゅう》してより、公許されたる奪掠三日の一言は不幸にして箴《しん》を為し、九十里の城垣は故なくして阿鼻叫喚《あびきょうかん》の巷《ちまた》となり放火、奪掠、姦淫《かんいん》、虐殺等、有らゆる罪悪は凡《すべ》ての北軍に依りて犯されたり。……

此時北兵已《すで》に大街を荒らし発砲しつつ、手当たり次第に掻攫《かっさら》い眼中内外の区別なきより、同胞数名は陰《ひそ》かに危険を感じ国旗を押立てて領事館に引揚げんとすれば、奪掠の諸兵当路に擁して誰何《すいか》し、……維《こ》れ命窮《きわま》れり今は唯《ただ》我国旗の威光により我は是れ日本人なりとの最後の頼みあるのみ。

然るに野獣の如き北兵は発砲せり雑貨商後藤勇次郎、村尾某の両人は即死を遂げ、館川勝次郎は重傷を負うて逃れ後死亡せり。……同胞の生命已に彼等の重ずる所とならず、財貨の奪掠の如きは言う迄《まで》もなきなり。

太田、早川両医院の如き赤十旗と国旗を掲揚せるにも拘《かかわ》らず、掠奪隊の侵入を蒙る事一日二十数回医療機械より家具類に至る迄一《いっ》として残す所なしと云う。

かくて我国旗は未曾有《みぞう》の凌辱《りょうじょく》を受けたり之を掲ぐるも威なき事一片の白布に等しく、偶《たまたま》其威を感じたるも旗上日章の部分を刳《えぐ》り取り之を泥土に破棄せり」（『上海週報』一九一三年九月八日、四頁）

この年は四月から五月にかけてアメリカで日本人移民の排斥《はいせき》が問題になっており、演説会が開かれるなどしていたから、すでに国民の被害者意識は相当高まっていた。そこにこのような報道がなされたのである（山本〔一九八二〕三二〇～三四六頁）。

そもそも辛亥革命勃発後から対外強硬世論は起きており、一九一三年七月二十七日、神田青年館では一二団体の集った対支同志会が結成されていた。この対支同志会が第一次南京事件の報道を受けて九月四日に演説会を開き、そこでは東蒙南満（東モンゴル・南満洲）の要地占領、揚子江《ようすこう》一帯の要地への出兵という強硬な意見が決議されている。

そして、翌九月五日には阿部守太郎《あべもりたろう》外務省政務局長が三人の対中強硬派に襲われ刺殺されるという事件が起きる。犯人の二人は逮捕されたが、一人は知人の家で中国地図を敷いて、その上で切腹自殺した。

阿部は「政府は大局の靡乱《びらん》を防ぐを以て方針とし、所謂《いわゆる》不偏不党必要の注意を加えて全局の維持を図ることに致居候」（千葉〔二〇〇八〕二五九頁）とする不偏不党政策を主導していた外交官であったが、それは実質的には、革命後に大総統になった袁世凱の政府・政府軍（北軍）の側に立つことであった。

刺殺の原因は、犯人の一人によれば、南京事件で日本国旗が侮辱されたのに対し、阿部が「要するに国旗は一つの器具に過ぎぬ」と言ったからであるという。犯人たちの「斬奸状」には、「弐拾億の巨財と拾万の同胞が屍山血河悲惨極まる努力に因《より》て漸《ようや》く贏《か》ち得たる満蒙を捨てて顧みざる而耳《のみ》ならず、簒奪の臣桀紂《けっちゅう》に等しき袁世凱を助けて其雌梟の欲を 恣《ほしいまま》にせしめ」（栗原〔一九六六〕八八〜八九頁。千葉〔二〇〇八〕二六二頁）とあった。中国の暴行に対する〝弱腰〟は、国民の犠牲を払って得た満蒙を失う危険性につながると見られていたことがわかる。

犯人たちは「阿部・伊集院《いじゅういん》〔彦吉《ひこきち》。前特命全権公使〕の徒、民論を無視し帝国をして累卵《るいらん》の危きに置き何ら顧みる所なく」としていたが、事件後、強硬政策を求める声はさらに強まり、ついに九月七日、対支同志会主催の国民大会が日比谷公園で開かれ、対中強硬政策を主唱する群衆が外務省や牧野伸顕《まきののぶあき》外相宅に押しかける事態となった（宮田〔二〇一四〕一七六頁）。

世論が「頗《すこぶ》る高潮に達し居る」と見た牧野外相は、袁世凱政府の漢口地域の責任者 張勲《ちょうくん》の辞職を要求するなど強硬外交を展開した。九月二十八日、ようやく張勲が南京日本領事館で陳謝し、事態は収拾に向かう。このとき牧野外相は、関東州租借地と満鉄（南満洲鉄道株式会社）の租借期限の九九か年延長なども要求しようとしたが、山座円次郎《やまざえんじろう》公使に反対され、思いとどまっている。この要求は対華二十一か条要求（一九一五年）に含まれることにつながるものであった（千葉〔二〇〇八〕二五四〜二六四頁。波多野〔二〇〇一〕一〇七〜一〇九頁）。

山座公使は「支那人を侮る結果」の「威圧的言動」に憤慨しており、また原敬内相も牧野外相のポピュリズム的傾向に批判的で、「牧野は訳もなく世間に気兼《きがね》」しているが「支那浪人など何を云うも国家の利害には代えがたし」と日記に著している（波多野〔二〇〇一〕一〇八〜一〇九頁。宮田〔二〇一四〕一七六頁）。政府・外交の中枢はポピュリズムに揺らぐばかりではなかったのである（ただ、この牧野外相の対処策は、英国のグレイ外相から了解を得ていた加藤高明《かとうたかあき》前外相からの引き継ぎ事項ではあった。宮田〔二〇一四〕一七八〜一七九頁）。

ともあれ、この事件は日比谷焼き打ち事件以来現れた「群衆」「大衆」を前に、外交がこうした「民論を無視」できない状況となっていたことを如実に示す事件であった。これ以後の対華二十一か条要求など、日本の世論の中国に対する厳しさのなかには、事件への被害者意識・報復意識と、それが国民の犠牲を払った満蒙を失うことにつながるとする危機意識とがあったことが見てとれるのである。

なお、このわずか五か月後の一九一四年二月に、シーメンス事件（独シーメンス社による日本海軍への贈賄事件）を契機に山本権兵衛《やまもとごんのひょうえ》内閣倒閣運動が起き、群衆が議会を包囲、警官隊と衝突、警察署・派出所・電車や新聞社を襲撃するなどの事件が起きるが（藤野〔二〇一五〕六三〜六五頁）、このときの国民大会の場所が日比谷公園、主催者が対支連合会であることなどから、対中強硬政策運動と構造的にはまったく同じタイプの事件であることが理解できよう。

普通選挙要求運動

次に普通選挙要求運動について触れておきたい。前出の表1では一九一八年二月の集会のみを挙げてあるが、以後一九一九年二月から一九二四年一月までの間にきわめて多くの集会・運動が実施されている（表2）。その際、重要なことは、この運動のなかで暴力性が払拭《ふっしょく》されたことであった。それまでの運動がしばしば暴徒化し警察による介入を招いていたことが、普通選挙要求運動という大衆を理性的存在と想定した運動と抵触することが自覚されたからである。

その点、最も成功したのが一九二三年二月二十三日のデモ行進であった。実行委員会はあらかじめ警視総監と行進ルートを協議し、大旗を禁止、一隊を一〇〇人ほどに分け、各隊には代議士が先頭に立つこととし、さらに民衆警察隊を置いて自ら内部監視をすることにしたのである。その結果、民衆と警察との間で混乱が起こりそうになると「警察隊」と書いた襷《たすき》をかけた委員が調停したのだった。

『東京日日新聞』記者の水野石渓《みずのせきけい》は、政友会が壮士を動員して混乱を起こし、普通選挙要求運動を「それ見た事か」として阻止するつもりであったが、「堂々たる行列と沿道の堵列者《とれっしゃ》から湧く歓呼の声」に、その企図は挫折せしめられたとしている。

憲政会の小泉又次郎《こいずみまたじろう》議員も「空前絶後の模範的大示威運動」であった、「此の光景を目睹《もくと》するもの、人誰かは日本の国民性の崇高にして厳粛なるを感じないでいられようか」と著している（水野〔一九二五〕四七七頁。小泉〔一九二八〕一二六～一二七頁。藤野〔二〇一五〕一一二頁）。

こうして、一九二三年二月には日本の大衆運動はある沈静化を見せ、事態を普選の方向に大きく進めることに成功したのである。

排日移民法をめぐって

ところが、こうした日本の大衆運動を大きく変質させたのが一九二四年の排日移民法排撃運動であった。ここでは、ワシントン会議（一九二一～二二年）による日米の協調体制を大きく壊すことになる排日移民法について、その初発から簡潔に見ていくことにしたい。

表2　普通選挙運動における東京市の主要政治集会（1919〜24年）

年	月	日	種別	場所	主催者・団体	参加者	備考
1919	2	11	学生大会	日比谷公園	各大学の雄弁会，早大普選促進会，帝大新人会	学生3000人	
	3	1			普選期成同盟会	1万人	
1920	1	19	演説会	日比谷公園	都下九私立大学生連合		
		31	連合会結成	日本橋・常磐木倶楽部	普選期成同盟会，純正青年改造連盟，立憲労農党，小石川労働会，記者同盟会，築地工人会，普選学生会，友愛会，純労会，信友会，日本交通労働組合，普選促進連合会，SMU，屋外労働者同盟，改造連盟，自由労働組合，日本労働党，大日本車夫総同盟会，立憲労働党，日本労働同盟会など	3000人	
	2	1	大会	国技館	青年改造連盟	小石川労働会，砲兵工廠職工，日本交通労働組合，信友会，築地工人会	
			発会式	芝公園増上寺	立憲労働義会	芝浦技友会，鉄道省被服廠，深川靴工組合，大井鉄道省工場ら500名	

	6	結成		関東労働連盟	日本交通労働組合，自由労働会，SMU，築地工人会，全国工夫総同盟，友愛会など	労働団体の一部が連合会から離脱
		活動写真	神田青年会館	普選期成同盟会	3000人	
	8	国民大会	上野公園	純正青年改造連盟，普選期成同盟会	1000名	大雪
		大会	芝公園	都下私立大学生		大雪
	10	演説会	芝公園	全国労働連盟		
	11	民衆大会	上野公園両大師前	立憲労働党	労働団体58団体が参加	
		演説会	上野公園竹の台	普選期成同盟会	青年改造連盟や工場労働者が多い	日比谷公園で警官隊と衝突
		演説会	芝公園	関東労働同盟		
	14	大会	日比谷公園麒麟亭	全国普選連合会	3000人	警官隊と衝突
		大会	芝公園大隈銅像前	新聞雑誌同盟会		警官隊と衝突
	15	大会	上野公園両大師前	日本労働党	300人	普選行列
	18	演説会	神田青年会館	青年改造連盟		
	21	野外演説会	上野公園両大師前	立憲少壮改進党（少壮弁護士の団体）	1000名	
	22	懇親会	芝公園	普選賛成代議士	172名	全国普選連合会が合流．皇国赤心団（大正赤心団のことか）が乱入，警官隊と衝突

年	月	日	種別	場所	主催者・団体	参加者	備考
1920	2	22	民衆大会	上野公園両大師前	立憲労働党ほか18労働団体	5000人	芝公園へ
			大会	小石川伝通院境内	小石川労働会，青年改造連盟	700人	芝公園へ
		26	福引大会	日比谷公園	普選連合会	5000人	自然解散
			大会	日比谷公園音楽堂	青年改造連盟		
			反対大会	上野公園	赤心団（赤心会）・国粋会	1000人	日比谷公園へ
	3	21	大会	芝公園	普選連合会，立憲労働党など	5000名	静穏
		28	大会	上野公園両大師前	普選連合会	2万人	静穏
	6	6	大会	上野公園両大師前	普選連合会など	3万人	静穏
		18	屋外演説会	上野公園両大師前	憲政会院外団	2万人	首相官邸までデモ行進，警官と衝突
		20	野外演説会	芝浦埋立地	普選連合会	1万人	首相官邸までデモ行進，警官と衝突
		24	演説会	洲崎埋立地	普選連合会	1000名	静穏
	7	4	演説会	飛鳥山公園	小石川労働会	2000人	解散
			演説会	明治会館	学生連盟		解散
			大会	芝浦埋立地	憲政会院外団		解散
		6	区民大会	市内14区	普選連合会		
		10	大会	日比谷公園麒麟亭	普選連合会	2000人，のち5万人	警官隊と衝突
			大会	上野公園	普選連合会	1000名	日比谷公園へ
			大会	芝浦埋立地	普選連合会	5000人	日比谷公園へ

		12	懇親会	日比谷公園麒麟亭	普選連合会	5万人	警官隊と衝突
			大会	芝浦	普選連合会		
			大会	上野	普選連合会		
			演説会	神田青年会館	学生連盟		
		18	国民大会	上野公園両大師前	独立労働党	1000人	静穏
1921	1	16	民衆大会	上野公園両大師前	立憲労働党	300名，土方・屋外労働者中心	静穏
	2	7	大会	上野公園両大師前	小石川労働会，独立労働党，日本労働党，芝浦技友会，新橋運輸組合，横浜仲仕組合，純労会など		
		13	大会	上野公園両大師前	憲政会院外団	7万人	若干の衝突
		15	大会	芝浦埋立地	憲政会院外団	2万人	静穏
		19	大会	赤坂山王台	憲政会院外団	2万人	政友会本部へ行進，警官と衝突
1922	1	22	屋外大会	赤坂山王台日枝神社	普選断行同盟	5万人	国粋会が乱入の噂，民労会が応戦準備，結果静穏
	2	5	国民大会	芝公園	普選連合会	5万人	首相官邸までデモ行進，警官と衝突
		11	大会	芝公園	普選連合会	4万～5万人	小川平吉事務所襲撃
		19	大会	赤坂山王台	普選連合会	2万人	若干の衝突
		23	演説会	赤坂各所	普選連合会	3万人	警官と衝突

年	月	日	種別	場所	主催者・団体	参加者	備考
1923	1	20	発会式		普選記者同盟		
	2	11	大会	上野精養軒	普選連合会，普選記者同盟		大正赤心団による斬り込み
		18	記者大会	築地精養軒	普選記者同盟	400人	
			大会	赤坂山王台	憲政会院外団など	5000人	
		21	演説会	神田青年会館	全国新聞記者団		
		23	大行列	芝公園	普選連合会	5万～6万人	民衆警察隊の設置，「立憲的大示威運動」
		24	国民大会	芝公園			若干の衝突
1924	1	16	国民大会	山王台	第二憲政擁護会（三派連合）	2万人	静穏
		31	国民大会	日比谷公園	第二憲政擁護会		議会を取り巻く

出所：水野〔1925〕をもとに作成された，藤野〔2015〕106～108頁より．

それに遡る一九〇六年、サンフランシスコ市学務局は日本人学童（九六人）を中国人学童の東洋人学校に隔離すると発表した。一八九八年のハワイ併合後、同島からの日本人移民は激増していたが、一九〇〇年以降、組合労働党が市政を支配、低賃金で組合に入らない日本人労働者は彼らの標的となったのである。新聞王ウィリアム・ハースト系の大衆紙がこれを煽動した。そこへ日露戦争後の黄禍論《こうか》の広汎化があり、カリフォルニア州に「日米開戦論」が広まるなど不穏な事態が繰り返され、隔離政策が発表されたのであった。

林董《はやしただす》外相の抗議に対し、セオドア・ローズヴェルト大統領は日本人移民のハワイから本土への転航禁止措置を取り、同時にサンフランシスコ市学務局の隔離政策を撤回させた。その後、一九〇八年には日米紳士協定ができ、二十歳以下の子女を除く一切の日本人労働者は入国禁止となった。相互の領土の尊重などを謳った同じ年の高平《たかひら》・ルート協定もこの問題における日本側の譲歩の産物という面があった。

こうして一九〇八年の日米紳士協定以後、日本人移民は毎年五〇〇人に制限されていたが、在住者の出産で自然増加が見られ、よく働く彼らは移民先では脅威と感じられたと見られる。一九一〇年の、カリフォルニア州議会選挙での野党民主党の選挙スローガンは「カリフォルニアを白く保とう！」であり、民主党は大躍進した。

これを受け一九一一年、カリフォルニア州議会に排日土地法案が提出されることになった。

日本政府は米国務省に通過阻止を要請。タフト大統領は一九一五年万博（万国博覧会）の開催地をサンフランシスコとすることで法案成立を阻止した。ところが一九一三年、州議会に排日土地法案がまたも提出され、州権の尊重を公約としていた民主党のウィルソン大統領はこれを阻止できず、農地所有を三年に制限した第一次排日土地法案が五月に可決した。しかし、翌一九一四年七月には第一次世界大戦が始まり、悪化した事態は一種の棚上げ状態となった。

一九二〇年のカリフォルニア州議会選挙では、第一次排日土地法は子供名義の農地購入などを許容していたので、排日勢力は強い権限を持った「一般投票」による第二次排日土地法を目指した。日本はこうした事態に対抗するためもあり、第一次世界大戦後のパリ講和会議（一九一九年）に際して国際連盟規約に人種平等の文言挿入の努力をしたがウィルソンに拒絶されていた。

一九二〇年十一月二日、米大統領選挙で共和党のハーディングが圧勝するが、カリフォルニア州の一般投票では排日派の狙いどおり第二次排日土地法が成立した。排日勢力は続いて連邦レヴェルでの成立を目指した。

一九二三年八月、ハーディングが急死。クーリッジ副大統領が大統領となり、十二月五日、連邦議会に排日移民法案が提出された。これに対し、一九二四年二月八日、日本政府の抗議を受けたヒューズ国務長官は「ワシントン会議の成果を水泡に帰するものである」と修正を勧告したが、四月十二日、下院で可決される。上院は国際関係を重視する議員が多いので通過は不可能視されていたが、十四日、埴原正直《はにはらまさなお》駐米大使がヒューズ国務長官に宛てた書簡中の、日米関係への「重大なる結果」という字句が大問題となり、十六日に上院でも可決となった。

その後、両院協議会の審議や大統領からの実施延期勧告などがあったが、結局五月十五日、同法案は上下両院で可決されたのだった。五月三十一日、日本政府はヒューズ国務長官宛に抗議書を交付した。「国際間の差別待遇は……正義と公平の原則に反する。……人種に基づく差別待遇は不快の念を一層深くする」というもので、日米通商航海条約違反であり、日米紳士協定を廃棄するものだとしている。

排日移民法排撃運動

日本の世論は激昂した。まず一九二四年五月三十一日、米大使館前で抗議の切腹自殺が行われた。六月五日、東京・大阪の主要新聞社一九社は米国の反省を求める共同宣言を発表。六月七日、六〇名が帝国ホテルに乱入、「在留米宣教師の退去、洋風舞踏の絶滅、米国製映画の上映禁止、米国製品のボイコット、米人入国の禁止」などを要求したビラを撒布した。

六月十四日には横浜駐在米領事への暴行事件が起きる。七月一日、対米国民大会が芝《しば》増上寺で開催され、一万余人が参加、「対米宣戦」などがなされ、米大使館の国旗盗難事件が生起した。その後全国で集会・デモが頻発《ひんぱつ》する。

横浜沖仲仕《おきなかし》組合の米貨積み下ろし拒否、米映画上映ボイコット運動、米系大学の補助金拒否運動などが起き、反米の歌まで作られ、親米家として知られた新渡戸《にとべ》稲造《いなぞう》は今後は米国を訪問しないと宣言せざるをえなかった。

在日米人は本国に日本の様子を伝え、移民法の撤廃と身辺保護を要請した。内務省も外国人の監視、危険人物の尾行を行い、さらなる不祥事の暴発に備えた。

六月から七月にかけ、『東京日日』『大阪朝日』のような有力紙には米英に追随する外交路線の改変、中国との関係改善のための公使館昇格、二十一か条要求改定などの主張が行われている（西田〔二〇〇二〕五七頁）。

憲法学者の美濃部《みのべ》達吉《たつきち》は次のように書いている。

「事の茲《ここ》に至ったのは、政府の罪でもなければ、外交官が悪いのでもない。詰りは国力の相違である。……情ないかな、日本は国力に於て、少くとも経済力に於て、絶対にアメリカの敵ではない。如何に侮蔑せられても、如何に無礼を加えられても、黙して隠忍するの外、対策あるを知らぬ。……国家百年の大策としては、所詮《しょせん》は亜細亜民族の協力一致を図るの外は

ない」(美濃部〔一九二四〕。秦〔一九七二〕一五七頁)

こうして事件は以後の反米・アジア主義の重大な動因となった。何よりもヒューズ自身が語るように、ワシントン会議による日米協調体制をわずか二年後に米国自ら無にしたことは大きいと言えよう。少なくとも以後、日本人にある種のトラウマを植えつけるものだったの

排日移民法に抗議するデモ(1924年6月29日)
出所:『国際写真情報』第3巻第10号,1924年8月.

カリフォルニア州の日系移民排斥の立て看板
出所:『東京朝日新聞』1924年7月1日.

である。また、反米論の高潮は親中国・アジア論の擡頭につながることがわかる。

これからのち、しばらくは国際協調主義が大勢を占めるので、それはすぐに影響を及ぼしたわけではないが、国際的危機が高まってくるとボディーブローのように効いていき、昭和天皇が後年これを〝日米戦争の原因〟とするまでになったのであった（五百旗頭〔二〇〇八〕。簑原〔二〇〇二〕。西田〔二〇〇一〕）。

大正期大衆運動の特徴

大正期のポピュリズム的運動はナショナリズムと平等主義の二つに方向づけられたが、それは日比谷焼き打ち事件の延長線上に現れただけに、当然のことであった。このうちナショナリズムの方向性は中国に向かい、またアメリカに向かった。アメリカに対する排日移民法排撃運動が激化すると親中国的なアジア主義の高揚が見られるのだから、こうしたポピュリズム的運動が元来、無方向的な性格のものであることがよくうかがえよう。

平等主義は普通選挙要求運動において最大の高揚を見せたが、なかでもそれが非暴力的性格を勝ち得たことは画期的成果であった。排日移民法排撃運動でそれは一時破られるが、結局終戦まで大きな爆発的混乱は起きなかったわけである。これは言うまでもなく、普通選挙により投票で現状変更が可能になったことによる。こうして見ると、普選要求運動から普選の実施に至る間の小泉又次郎ら普選関係者の非暴力主義的運動の成果がきわめて大きいことはもっと賞揚されてしかるべきであろう。

ただし、こうした平等主義は、国際連盟規約に人種平等の文言を入れようとし、排日移民法排撃運動に帰結する国際的平等主義の方向と、普選運動のような国内的平等主義の方向の二方向に展開したわけだが、この二つの方向性が次に日本をどこに導くのかは誰にも予想できないものであった。

ともあれ、こうしていよいよその普通選挙の時代に突入していくのである。

第3章　朴烈怪写真事件
――若槻内閣と劇場型政治の開始

1　若槻礼次郎内閣の成立

二人目の「平民宰相」

一九二五（大正十四）年、護憲三派（立憲政友会、憲政会、革新倶楽部）の加藤高明内閣により普通平等選挙法が成立、日本は普通平等選挙制時代を迎えることになる。

しかし、一九二六年一月二十二日、第五十一議会（一九二五年十二月～二六年三月）の最中に、普通平等選挙法を成立させた加藤首相が議場で倒れ、二十八日に死去。二十九日早朝、元老の西園寺公望《さいおんじきんもち》は若槻礼次郎《わかつきれいじろう》内相・首相臨時代理を首相へと大正天皇に奉答、夕方、若槻に組閣の大命が降下した。

こうして一月三十日、第一次若槻礼次郎憲政会内閣が成立する。全閣僚が加藤内閣からの留任であった。若槻首相は原敬に次ぐ二人目の「平民宰相」ということで、この内閣はマスメディアで好評ではあり、著名な政治評論家馬場恒吾《ばばつねご》は、若槻を「原敬氏と匹敵すべき力量、手腕、性行」とまで評している。

しかし、若槻内閣下の第五十一議会における主要三大政党の勢力比は、憲政会一六五、政友会一六一、政友本党八七、というものであった。憲政会は少数与党である。したがって、議案を議会で通すためには野党の協力が必要であり、こうした少数与党の苦しい政権運営のなか、三つの大きな疑惑が起こり、若槻内閣を追い込んでいく。では、まずその第一たる松島遊廓移転疑惑事件から見ていこう。

松島遊廓事件

一九二六年一月十一日、政治浪人実川時次郎らが執筆した「松島遊廓移転に関する政府の妄動と憲・本・研三角関係」という「怪文書」が配布された。それは、大阪の松島遊廓の移転に関して土地会社と政治家の間に不正な利益関係が成立していると指摘していた。

ちなみにこの文書は自ら怪文書を名乗っており、「怪文書――こういう熟字は大正十五年に出来た新しいものである」としている。普選時代となり大衆の政治参加が決定的となったときに相前後して現れたのが「怪文書」なのである。

二月二十三日、出版法違反などで収監された実川は、豊国土地株式会社社長田附政次郎《たづけまさじろう》らを贈賄行為で告発した。その告発書は、田附らは憲政会総務箕浦勝人《みのうらかつんど》、前政友会幹事長岩崎《いわさき》勲《いさお》、政友本党党務委員長高見之通《たかみゆきみち》らを通じて主要政党や川崎克《かわさきかつ》内務次官らへ金銭などの授受を行い、自分たちの移転運動が有利になるように計らった。また箕浦らは「之が成功を期するが如く装い巧妙に金銭奪取をした」としていた。

三月一日には、『朝日』が「松島遊廓にからむ奇怪文書の内容」「政界の大うず巻」「各政党員は全部関係」などの見出しでこの事件のことを大々的に報道した。松島遊廓事件は政界を揺るがす大事件となったのである。

三月二十八日、大阪地方裁判所検事局は岩崎勲、平渡信《ひらわたりまこと》、益田巌《ますだいわお》を詐欺《さぎ》罪で起訴、四月六日、安藤亮起訴、という形で関係者が次々に起訴され、四月二十三日には憲政会の重鎮箕浦が大阪刑務所に収監され、三十日には起訴された。

箕浦は明治以来の政党人で信頼されていた人物だったので、これは世間を大きく驚かせた。野党政友会の小川平吉は「あの高潔なる人格者が」と言い、ある貴族院議員は「箕浦氏は党人としてはまれに見る清廉の士とされていた。その人にして然りである。他の者は推して知るべしとしたならば全く既成政党の断末魔が近づいて来たように思わる」と語っている（『朝日』四月二十四日）。

以後、六月三日に高見之通起訴、六月十九日に今北治作起訴と事件は進んでいったが、世間を一番驚かせたのは、秋十一月に至り、予審判事角南美貴《すなみよしき》が、中川望《なかがわのぞむ》大阪府知事、川崎克内務次官、そしてついに若槻礼次郎首相を証人訊問《じんもん》したことであった。

十一月八日の『朝日』は「昨夕永田町の官邸で若槻首相取調べを受く　上京した角南予審判事が　閣議の後を三時間に渡り　急転した松島事件」と、前日の訊問を伝えている。若槻は角南に、「〔箕浦に〕移転は絶対に許可することは出来ないと申しました」と回答したという。判事による首相官邸での首相の訊問は憲政開始以来初めてであり、前代未聞の事態であった。

こうした回答に対し、十一月八日、箕浦は若槻・川崎の二人が「可能性あり」と再三繰り返した、として偽証罪で二人を告訴した。十一月下旬に西園寺に会った若槻は「今回自分は告訴をされたるが、之は或者の陰謀にて、告訴なるものは元来被疑者と云うに止り、未だ罪あるとも無いとも決らないもの故、辞職抔《など》する必要なし」と「何時《いつ》になき緊張振《ぶり》」で述べたという（松本〔一九五九〕五四三〜五四四頁）。

以後この事件は、一九二七年七月十一日から十月十三日まで二十三回の公判が開かれた。争点は若槻らの証言の真偽にあった。移転不可能を知りながら運動費を授受していたのであれば詐欺罪が成立するからである。八月十六日、若槻は証人調べで「移転許可せず」と言明したが、これに対して箕浦は、若槻は知事の申請を認めると言った、と証言。一方、高見之通は、三万円を床次竹二郎《とこなみたけじろう》夫人に渡した、と証言したが、夫人は「存知ません」と答えている。

九月六日の論告求刑は「取込詐欺」というもので、箕浦に懲役《ちょうえき》一年、高見に懲役八か月などだった。十月十三日、一審判決が下り、平渡信に懲役一年六か月、益田巌に懲役六か月、箕浦・高見・今北は無罪であった。その後、控訴審があり、一九二八年十二月三十一日に上告棄却となってようやく裁判は終結している。

結局、世人を驚かせた箕浦の件は無罪となったのである。また、若槻も何ら有罪となったわけではない。しかし、裁判の終結には数年の歳月を要しており、多くの国民には最初の強烈な内容の報道のほうが印象が強く残ったものと思われる。一連の報道を通して、最も高潔とされた政治家も怪しい、首相も取り調べを受けた上、同じ政党の長老から偽証罪で告訴された、という印象が強く残されたと見て間違いなかろう。こうしてこの事件は、普選時代の到来を前に政党政治家への大きな不信を植え付けた事件となったのである。

陸軍機密費事件

若槻内閣における第二の疑惑は陸軍機密費事件である。

一九二六年一月十四日、佐藤繁吉という人物が、政友会総裁田中義一《たなかぎいち》を契約不履行などで東京地方裁判所に告発した。一九二四年九月、乾新兵衛から田中へ三〇〇万円を融資する契約に際し、仲介した自分に最小限一割の成功報酬をあらかじめ約束していたが支払われていない、というのがその基本である。これに対し田中は「大事な議会を前に陥《おとしい》れようとするのだ」と語っている（『朝日』一月十五日）。翌日佐藤は、訴状は弁護士と相談して作ったが、政界各方面に洩《も》れていることがわかったので弁護士に提起を待つように言ったにもかかわらず、弁護士が勝手に出した、として、これは取り下げられた。狐につままれたような出来事だが、佐藤と田中の間で何らかの形で示談がまとまったとするのが常識的推理であろう。

その後、二月から三月にかけて、山梨半造《やまなしはんぞう》陸軍大将による政友本党議員買収事件としての梅田寛一事件が起きた。山梨が、政友本党の梅田寛一議員を待合などに誘い、金銭を以《もっ》て籠《ろう》絡《らく》し、ほかの政友本党議員四名をも政友会に入れさせようとしたとされる事件である。梅田は政友本党を除名され、議会で政友本党から査問が提案された。そして、この籠絡のための費用に陸軍機密費が使われており、また田中三〇〇万円事件と関係があるのではないかと言われた。

二月二十七日、関直彦《せきなおひこ》議員が衆議院本会議で梅田議員の行動に関する調査委員会設置を動議として提出、調査委員会は設置され、「議員の体面を汚損すべき行為をなしたることを認める」という結論が出された（前田〔二〇〇二〕六一頁）。

そこで、山梨大将の買収費の出所が問題とされ、陸軍の機密費が調査されたが、三木武吉《みきぶきち》政府委員の答弁は、大正三（一九一四）年度から十三（一九二四）年度までの機密費総額二四〇〇万円、大隈内閣一五万円、加藤高明内閣二五万円、原内閣二〇六五万円というものであった。原内閣の陸相が田中・山梨であった。

こうしたなか、三月四日、中野正剛《なかのせいごう》（憲政会）が三瓶俊治元陸軍大臣官房付陸軍二等主計の「田中義一大将の陸軍省に於ける不正事件内容調書」を衆議院本会議で発表した。内容は、一九二〇年八月から二二年九月にかけての在職中、田中陸相、山梨半造次官、菅野尚一《すがのひさいち》軍務局長、松木直亮《まつきなおすけ》高級副官が機密費を横領したとして検事総長宛に告発状を提出した、というものである。それは、金庫に八〇〇万円を下らない四人名義の定期預金証書があったなど、詳細にわたるものであった。三瓶は同時に「覚え書」を書き、シベリア出兵の際に得た一〇〇〇万ルーブルの金塊が行方不明ということも主張している。

また、「長州閥の不正行為なる事を看破するに至れり」とあり、「清浦《きようら》〔奎吾《けいご》〕内閣成立当時における長閥の醜怪なる手段」を批判した石光真臣《いしみつまおみ》中将の建白書も同時に発表されている。田中、菅野、松木は山口県出身で、山梨は神奈川県出身だが田中と陸士（陸軍士官学校）同期で、準長州閥扱いを受けていたのである。

三瓶は在職時、石炭購入収賄容疑で検挙され、免職となった経歴を持っていた。その際、機密費横領の件を自白したが口止め代わりに不起訴にされたと言われており、これを町田経宇《まちだけいう》（鹿児島）、石光真臣（熊本）ら反長州閥の陸軍将校団体恢弘会《かいこうかい》が聞きつけ、田中攻撃のために三瓶に告発状を書かせたと言われている。

三瓶の告発状を議会で発表した中野は、衆議院では貴族院議員の田中の査問はできないので、この件に関わっている小川平吉、小泉策太郎《こいずみさくたろう》、秋田清《あきたきよし》、鳩山一郎《はとやまいちろう》（田中の政友会入りの世話をしたとされる）の四人の査問委員会開催動議を提出し、「君らのやり方はすべて金銭本位のやり方である」と田中を弾劾《だんがい》した。これに対し志賀和多利《しがわたり》（政友会）は、中野はソ連から一〇万円をもらっていると攻撃して動議に反撥したが、結局、動議は可決された。

こうして三月五日には、「本日の新聞は挙《こぞ》って昨日に於ける議会の光景を報道す。各政党内面の墜〔堕〕落を暴露し、殊《こと》に陸軍巨頭の面目を毀損《きそん》する事甚《はなはだ》しく、内外人心に与うる影響少からず。憂慮限りなし」（伊藤ほか〔一九九〇〕二四五頁）という状態となった。

政友会は反撃に出る。三月七日、望月圭介《もちづきけいすけ》（政友会）らは中野正剛の反省処決を促す動議を提出。十一日には、牧野良三《まきのりょうぞう》（政友会）が本会議で中野をソ連のスパイとして攻撃した。これに対し、憲政会は牧野懲罰動議を提出して対抗、政友会がこれを妨害したので議場は混乱し、本会議は中止となった。

三月十六日、テロを恐れあちこちを変装して転々としていた三瓶は東京検事局に出頭、担当検事石田基が十八日まで三日間取り調べを行った。

結局、三月二十五日に第五十一議会は閉会となったが、新聞の見出しを並べていくと、「深更に及んで最後の大乱闘」「冒頭から殺気立つ」「謝罪文を突返す」「議場遂に大混乱　議長手の下し様なし」「傍聴席に乱闘　議場総立の騒ぎ」「小泉〔又次郎〕副議長興奮す」「怒号の中に閉会」という有り様であった。

この議会は、「遺憾なく醜態を暴露して議会政治の本義を滅却して社会風教を害するものすこぶる大……衆議院は罪悪非行のあばき合い……醜態は先ず最近の議会史中ほとんどこれを見ざるものであった」(『朝日』三月二十六日)と言われるような空前の混乱した議会となったのである。

その後、この事件は意想外の展開を見せる。五月十四日、池上本門寺に駆け込んだ三瓶は『懺悔録《ざんげろく》』を公開、「悪魔に魅入られた自分の感情を政争の具に供し、軍閥暗闘の傀儡《かいらい》となり、胸中懺悔の焔に耐えない……不本意の告発」であった、として結局告発を取り下げるのである。これも狐《きつね》につままれたような事態であった。何らかの力が働いたとするのが自然な推理だが、真相はわからない。

秋に至り、十月三十日、三瓶の取り調べ責任者であった石田次席検事が東海道線大森・蒲田間の鉄橋下の小川で死体として発見された。いわゆる石田検事怪死事件である。この事件についてもさまざまなことが言われているが、真相は不明のままである。

十二月二十七日、江木翼《えぎたすく》法相は田中の不起訴処分を閣議報告した。この事件全体の真相がよくわからぬままに、田中は無罪となったのである。

この事件で攻撃されたのは野党政友会総裁の田中義一である。政権党ではなく野党の側のトップがこれだけ激しく攻撃されたということは、やはり普選を前にして選挙民の獲得に与党の憲政会も腐心していたことがわかる。そして攻撃した憲政会の中野正剛に対する反撃としての、政友会から中野へのスパイ攻撃、退任後ではあるが三瓶による内部告発、そして「遺憾なく醜態を暴露して議会政治の本義を滅却して社会風教を害するものすこぶる大」とされた乱闘、いずれも政策とは何も関係のない、そしてマスメディアに乗り国民の耳目を引きやすいスキャンダル政争の連続であった。

こうして、普選を前にここでも大衆の興味を引きやすい話題のみが取り上げられて注視され、議会政治の地盤は掘《ほ》り崩されていったのである。

2　朴烈怪写真事件

こうして若槻内閣下では次々に国民の耳目を引く事件が起きたのだが、社会的反響が大きく、また政治的影響が最も大きかったのは朴烈《パクヨル》怪写真事件であった。これはもともと大逆事件である。大逆事件といえば明治末期の幸徳秋水《こうとくしゅうすい》らのそれが想起されやすいが、幸徳の事件に比すると、いかにも大正という時代の相を刻印しているのがこの事件である。ここではまず事件そのものについて説明し、次に政治的事件としての怪写真事件について叙述していくことにしたい。

朴烈事件

一九二三年九月三日、二日前に発生した関東大震災後の混乱の最中、朴烈と金子文子《かねこふみこ》の二人が検束された。十月二十日、東京地方裁判所検事局は朴烈、金子文子らを治安警察法違反容疑で起訴。十月二十四日、予審訊問が開始された。翌一九二四年一月二十五日、金子が朴の爆弾入手の目的・意図を供述。この金子の供述を三十日に朴が認めた。二月十五日、朴烈、金子文子とその周辺の人物金重漢が爆発物取締罰則違反で起訴された。

その後さらに訊問が進み、翌一九二五年に至り、事件は大逆罪の様相を帯びてきた。真相はよくわからない点もあるが、五月二日に立松懐清《たてまつかいせい》予審判事が二人の写真を撮影したのは、このことを朴が認めた記念によると見られている。なお、この写真が後に大問題となるのであり、この日撮影した経緯も問題にされてから明らかになったのである。

七月七日、予審終結が決定し、七月十七日、二人は大逆罪で起訴された。

九月二十日、朴烈の「刑務所消息　不逞《ふてい》の烙印《らくいん》」という原稿が『自我人』という雑誌の第二号に掲載されている。当時、獄中の人間の原稿を獄外の雑誌に載せることは可能だったのである。

十月二十八日、大審院の公判開始が決定された。これも後にわかったことだが、この翌日二十九日に朴と同じ獄にあって親しくしていた石黒鋭一郎という人物が出所の際、朴からもらった写真を密かに持ち出している。写真を撮影した立松判事から朴の手に渡り、それを石黒が譲り受けて持ち出したのである。このあたりの朴の意図・心理は不明だが、獄外の同志に近況を伝えようということであろうか。

十一月二十五日、朴烈、金子文子の記事が解禁となった。『東京日日』夕刊の記事見出しを見ておこう。

「震災渦中に暴露した朴烈一味の大逆事件」「来月八九両日特別裁判開廷（本日解禁）罪の

裏に女！　躍動する朴烈が内縁の妻金子ふみ」「惨苦の中に真っ赤な恋」「検束で名物の朴夫妻」「朴、筆を傾けて獄中に自叙伝　雑誌『自我人』にも寄稿」

『東京朝日』も同じようなもので、「震災に際して計画された　鮮人団の陰謀計画」「近く刑務所で正式の結婚」「自叙伝を書く文子と読書にふける朴烈」となっている。

　当時は現在のような週刊誌がないので、新聞は週刊誌的役割も果たしており、今日から見ると不適切な表現も多いが、男女関係と著作・読書が強調された記事で、恋愛賛美と教養主義讃歌の大正後期らしい紙面づくりとも言えよう。

　その後もこうした関心は強く、十二月十一日には「獄中結婚は風説」（『朝鮮日報』）という記事が出た。一九二六年一月の雑誌『文芸戦線』には、中西《なかにし》伊《い》之助《のすけ》の「朴烈君のことなど冬日記」という原稿が掲載されており、幸徳秋水の大逆事件とは相当に社会的風潮が変化していることがうかがえるのである。

　こうしたなか、一九二六年一月十八日に、朴烈は裁判長に対し法廷での四条件を提出した。それは、①朝鮮民族の代表として法廷に立つので朝鮮の王冠・王衣を着用する、②法廷に立つ趣意を宣言し、裁判官はその質問に答える、③朝鮮語を使うので通訳を付けよ、④対等の立場にあることを示すために裁判官席と被告席を同じ高さにせよ、というものであった。①と②の前半は承諾され、③はかえって手数がかかるということで朴側が撤回、④は「我慢してもらいたい」ということになった。

二月二十六日、第一回公判として、大審院で人定質問が行われた。傍聴券入手のため午前二時より大審院前には待機者が詰めかけ、結局五〇〇人が傍聴を希望している。

「金子文子は純白の朝鮮婦人服をつけ……手錠もかけず渡看守長に後をまもられ静々と入ってくる。上衣の下から桃色のメリヤスをのぞかせ……右手に小さい翻訳小説をいじっている。そして看守にせがんで熱い茶を一杯飲んだ、十分経って朴が入廷……顔を綺麗《きれい》に剃《そ》って髪をオールバックとし紗帽《さぼう》に紫紗の礼服を著《つ》け内裏さまのような礼帯を締め、おまけに小旗のような士扇を打ち振り、シャナリシャナリと入り来るさまは天神様のようである」（『法律新聞』二五一六号）

こうして注目のうちに裁判は進み、一月二十七日に小原検事が死刑を求刑。三月一日、最終弁論は結審した。三月二十三日に二人は結婚届を出している。

三月二十五日、死刑判決が下った。「しぶ茶に喉《のど》を湿《うる》おして　夫婦が最後の語らい」（『朝日』三月二十六日夕刊）と報道されている。同日、検事総長から特赦《とくしゃ》が申し立てられ、閣議は特赦を決定した。

だが特赦の決定は四月五日まで発表されなかった。以下の『大阪朝日』（三月二十九日）記事はそうした状況下での、典型的な大衆社会的な報道姿勢がうかがえるものとして、やや長くなるが引用しておくことにしよう。

「判決後四日間、外界の何事も知らず市ヶ谷刑務所の独房で妻と夫も名ばかりで会うこともならず……判決言渡後は一切面会は両人とも拒絶せられている、ただその中で山梨県から出てきた文子の母たか子は、特に許され、判決当時僅《わず》か五分間変り果てた娘の顔を見ることができたが、これもただ涙だけで、深く語る暇《いとま》もなく母親は刑務所を出た、一方また朴は判決後は読書も余りせず、密かに死の準備を急ぐのか公判第一日に着た朝鮮礼装一揃えをまず二十七日夕方差入屋に戻し、文子も書き続けていた生立の記が完成したので伊藤野枝《いとうのえ》全集を読み耽《ふけ》っているという」

四月五日、「恩赦」で無期懲役への減刑が発表された。このことは本人たちには即日知らされなかったようで、当日の様子を伝える記事は以下のようになっている。

「大逆犯人ではあるが二人の情愛に至っては実に涙なしでは見られぬ程である」「何《ど》うせ死ぬなら美味しいものを」と差入屋に注文、「夫思いの彼〔女〕は「朴さんは肉が好きですから」と看守に頼んだりしている」。秋山刑務所長が「お前達も何うしてもこの世から別れて仕舞わねばならぬことになろうこれは真に余のお前達に送る好意である。思う存分語るが可い」と言葉をかけ、「夫妻は五六分というものは互に手を握り合って涙の尽きるまで泣き最後の決心を相語った」（『朝日』四月六日）という。

相当に同情的な紙面になっていることがわかる。こういった報道姿勢が国家主義者たちを刺激したことは想像に難くない。

その後、「千葉刑〔務所〕に送られると朴烈は絶食を始める」（『朝日』四月十五日）という報道がなされ、五月には里村欣三《さとむらきんぞう》の「思出の朴烈君の顔」という原稿が『文芸戦線』に掲載されるなどしたが、七月二十三日に金子は自殺する。この金子の自殺の報道と同時に発生したのが怪写真事件であった。

怪写真事件へ

七月二十九日、朴烈怪写真事件が起きた。この日、東京市内各所に二人が予審調査室で抱き合った写真付きの怪文書が配布されたのである。これを翌三十日、『報知新聞』朝刊が報道した。各紙も後追い報道。金子の自殺と同時報道となったので、インパクトは大きかった。「鉄棒に麻糸をかけて　朝の光の下で縊死《いし》」「怪文書犯人　大捜査を開始す」（『朝日』七月三十一日）といった見出しである。

怪文書には次のようにある。

「単なる一片の写真である。

此の一写真に万人啞然《あぜん》として驚き呆るる現代司法権の腐敗堕落と、皇室に対する無視無関心なる現代政府者流の心事を見ることが出来る。
此れは大逆犯人朴烈と文子の獄中写真である。……日本の東京の真中で、監獄の中で、人も有ろうに皇室に対する大逆罪の重大犯人が、雌雄相抱いて一種の欲感を味いつつ斯《こ》んな写真を写せる世の中になつたのだ」

怪文書は、当局の二人への優遇を批判し、恩赦決定以前に当局者が減刑を公言し、新聞などに発表させたとして江木法相を攻撃していた。

八月十一日、立松予審判事が引責辞職願を出し、諭旨《ゆし》退職となった。八月二十四日、『国民新聞』が、撮影者は立松、撮影場所は東京地裁予審調査室と報道した。こうした報道を受け、八月二十六日、政友会が声明を発表。大逆犯を減刑した政府の過ち、恩赦裁可前に減刑奏請を発表した政府の手続き上の不都合、二人への優遇（写真はその一端）などを問題とし、立松退職の件の詳細を明らかにせよと迫った。

八月二十七日、朴烈怪写真事件の首謀者として北一輝が検挙された。「宣伝費を提供した政党の人々」という『朝日』（八月二十八日）記事

怪文書に掲載された写真

によると、この検挙は宮内省怪文書事件という別の事件と合わせたものだという。北はのち保釈され、証拠不十分で無罪となっている。北は関東大震災の際、危険な目にあいそうになった朴を救っているので、朴の側からすると裏切られたことになるが、このあたりが北が「魔王」と呼ばれた所以《ゆえん》であろう。石黒鋭一郎が持ち出してきた写真を見た北は、これが即座に若槻内閣倒閣運動に利用できると思いつき、怪文書作成を政友会幹事長森恪《もりつとむ》に相談したと言われている。

同じころ、この件で取り調べ中の写真持ち出し犯石黒が脱走、全国警察に捜査手配されるということも起き、耳目を引き付けた。

九月一日、司法省が怪写真事件についての真相とする声明を発表した。それによると、一九二五年五月二日、東京地裁予審第五調室において、立松判事が朴の大逆罪の「回想の資として」写真を撮影することにしたところ、脇にいた金子が「突如……併座」したもので、その写真を後日、朴が判事から「巧に入手」、それを某が保釈の際持ち出した、というのであった。

この釈然としないものの残る発表に対しては「司法権の威信失墜に沸き返る各派の論議」(『朝日』九月二日)という形で批判がさらに巻き起こった。

政治的事件へ

この怪写真事件がさらに大きな政治性を帯びることになったのは九月十九日からであった。この日、政友本党は幹部会を開き、政府問責を決議したのである。そして、床次竹二郎総裁は次のような声明を発表した。

「恩赦大権の発動に関する輔ひつの責任について論議するに至らば世論は益々激甚を加え国史上未曾有の憂うべき事態を引起す」(『朝日』九月二十日)

床次の政友本党は若槻内閣に好意的だったのだが、怪写真事件の拡大につれ態度を変え、床次はこの声明発表前に若槻首相を訪問し、引責を求めるに至ったのである。

政友会もこの日議員総会を開き、宣言を可決した。それは「皇道の大精神を遺却……万世尽くること無き皇道政治の絶対精神は、固《もと》よりきつ然として人情政略の権道を超越す」(『朝日』九月二十日)というものであった。二大野党による攻勢で事件は政治的方向に大きく動いたのである。

続いて九月二十日には、朴烈怪写真事件に関し政府問責のための野党連合大会が青山で開催された。九月二十二日、帝国弁護士会理事会が司法当局非難決議を採択。

これに対し、九月二十八日、政府は一〇知事の休職を含む地方官大異動を行って断固たる態度を示す、という報道がなされた(『東京日日』)。そして、九月三十日には若槻首相が憲政会両院議員・評議員連合会で衆議院解散を示唆して野党に決意を示した。しかし、床次も政友本党懇親会で解散示唆の演説をしており、野党も強気であった（『東京日日』十月一日）。

一方、取り調べ中に脱走し、脱走中に新聞に手記を発表した石黒鋭一郎が十月十七日に逮捕されている。この事件もそうだが、こうなると報道は事実報道よりも、「与えたのか盗んだのか　疑いを死人の文子にかける　疑問のままの朴烈事件の重点」（『朝日』十月十八日）といった犯罪推理的な要素で引っ張り、また「怪写真現像者は立山西神田署長と判る」（『朝日』十月二十一日）といった感じで、些細《ささい》なことでも推理材料を提供するものなら何でも提供するということになる。十月二十四日には立松も自己の立場を弁護する声明書を発表した。

同じ二十四日、若槻は演説し、「立憲政治は政策の争いだ　朴烈問題など介意の要なし」と「正論」を吐いたが、それが何か虚《うつ》ろに響くのは、「政策の争い」だけではすまない事態に立ち至っていることを多くの人が感じていたということであろう。すなわち、近づいている第一回の普通選挙では、こうした政治シンボルをめぐる大衆動員の力量のほうが決定的に重要であり、若槻にはその認識が十分でないように感じられるということなのである。「政友会支部長会議で田中総裁の演説……大逆犯人事件の暴露は真に一世を驚動せしめ深憂せしむるものがある」（『朝日』十月二十五日）という報道に、巧みな大衆動員術が感じられるということでもあるのだ。

こうして、新聞にはこの事件を倒閣につなげる政府批判が出だした。「朴烈問題にしてからがあんな不始末をやったのはたれが見ても政府の大失態たるだけは間違いない……若槻も……結局は総辞職さ……既成政党の腐敗堕落も久しい……若いものを中心とした挙国一致内閣をこしらえる事だ」（大石正巳《おおいしまさみ》、『朝日』十一月五日）。

十二月十四、十五日には、政本（政友会・政友本党）提携報道がなされているが、それは「三問題」を軸にするというものであり、その「三問題」とは、朴烈・不景気救済・綱紀革正の「三問題」なのである（『朝日』）。こうして事態は年末に開かれる議会をめぐる政争に移っていく。

3　若槻内閣の崩壊と劇場型政治

三党の駆け引き

一九二六年十二月二十六日、第五十二議会が開会された。勢力比は、憲政会一六五、政友会一六一、政友本党九一、であるから、選挙での与党有利が常識となっていた当時、解散して与党が多数派を形成しようとするのは当然のことであった。また、怪写真事件で倒閣へ向け勢いのついた野党が解散を求めるのも自然であった。

一九二七年一月十六日、政友会・政友本党両党は党大会を開き、政府に正面から対抗する決意を表明。憲政会も内閣不信任案には解散で対抗することを明示、党内に「戦意満つ」と報道された。一見解散は不可避の情勢に見えたのである。

しかし、若槻首相も解散を怖れていたが、野党の政友会田中義一総裁、政友本党床次竹二郎総裁ともに、実は自党に不利と見て解散を恐れていたのだった。

一月十八日、議会は再開され、若槻首相は施政方針演説で、社会政策拡充、人口・食糧問題解決、緊縮財政堅持、税制整理などを述べたが、衆議院本会議では野党が、松島遊廓事件と朴烈問題を激しく追及した。

小川平吉（政友会）は、憲政会の長老箕浦勝人が疑獄事件に関与した上、若槻首相が箕浦から偽証罪で告訴されたのでは、若槻首相に綱紀粛正を唱える資格なし、と攻撃。松田源治《まつだげんじ》（政友本党）は、松島遊廓事件の予審判事の交代に政治的圧力がかけられた疑いが濃いと追及した。

一月十九日、政友会は、朴烈の減刑奏請理由書を議会に提出すべしという決議案を提出、政友本党らの賛成で可決されたが、政府は秘密書類としてこれを拒絶した。ところが、こうした攻防が議会で行われている最中、若槻首相は安達謙蔵《あだちけんぞう》逓信相に三党首会談による妥協の動きを伝えたのだった。若槻は安達に、「是れは秘中の秘なり、君のほか一切他言してはならぬ、此の際に処して政友及び本党と妥協し、議会の無事終了を図るの他なし」（安達〔一九六〇〕二二八頁）と言ったという。

一月二十日、政本両党は内閣不信任案を提出した。「大逆犯人に対し紊《みだ》りに減刑を奏請して補弼《ほひつ》の重責」を誤り、「司法権の威信を汚損し綱紀の紊乱《びんらん》は世道人心を廃頽《はいたい》せしむる」ものがある、首相自身が「自党者宿《きしゅく》より偽証の告訴」を受けその「信望地にお」ちた、という趣旨のものである。

あらかじめ開かれた閣議で、若槻は停会にするか解散にするか首相一任を取り付けていたので、三日間の停会が宣せられた。そして、三党首会談が開催され、「昭和新政の初めに当り」政争中止を各党に要望、と発表された（前年十二月二十五日に昭和天皇即位、改元）。こうして、内閣不信任案は撤回され、予算案・震災手形関連法案が衆議院通過の見通しとなったのである。

しかし、この三党首会談は、密約が交わされたということのほうが有名であり、その合意文書に「〔議会後〕政府においても深甚なる考慮をなすべし」という言質があった。これを若槻は辞意を示唆せずと説明したが、田中・床次は六月ごろの総辞職と解釈していたようである。

政争が生んだ金融恐慌、そして総辞職へ

その後、憲政会の策士安達の工作により二月二十五日、憲本（憲政会・政友本党）連盟覚書が成立。それに対し裏切られた政友会は、猛攻を開始、震災二法に関し堂々巡りとなり、八回の記名投票（新記録）が行われ、政友会の激しい議事妨害に対抗して憲政会が一切の動議・質疑・決議を封ずる手段を講じるなどの事態になった。議会は荒れに荒れ、議長・副議長が辞表を提出するに至った。

こうした状況のなかの一九二七年三月十四日、片岡直温《かたおかなおはる》蔵相の衆議院での、東京渡辺銀行が破綻《はたん》したとの失言から金融恐慌が発生、多くの中小銀行が取り付け騒ぎにあって休業する。金融恐慌第一波の発生である。

三月二十五日、第五十二議会は閉会となった。

四月一日、金融界の混乱が続くなか、鈴木商店への不良貸し出しのため経営難が言われていた台湾銀行が、同商店に対し三月二十七日に新規貸し付け中止を宣告したことが発表された。金融恐慌第二波が到来する。

若槻内閣は台湾銀行救済のため、日本銀行が台湾銀行に二億円の融資をするという緊急勅令案を枢密院に奏請した。混乱を恐れ、臨時議会を召集せず、緊急事態ゆえの枢密院の協力

を信じたのである。ところが、伊東巳代治《いとうみよじ》顧問官らは若槻内閣の対中国政策を「軟弱外交」として批判的であった。

政友会は枢密院に否決を働きかけ、また若槻首相が行った顧問官切り崩し策もかえって多くの顧問官の態度を硬化させた。四月十七日には枢密院本会議で、枢密院側は若槻内閣の対中国政策を非難し、結局緊急勅令案は政府側大臣の賛成一一票に対し、出席した顧問官全員の反対一九票で否決となった。

若槻首相は否決の場合は総辞職とすでに決意を固めており、四月二十日、若槻内閣は総辞職した。

若槻内閣の評価と劇場型政治の開始

若槻内閣を全体として振り返ったとき、下級武士（足軽）出身の若槻が首相になったこと自体が近代日本社会の開明性・平等性を告げていたし、長期的に見ると若槻首相と幣原喜《しではらき》重郎《じゅうろう》外相の国際協調主義は戦後日本の基礎を作ったものであった。

しかし、こうしたプラス面よりも、若槻内閣に対しては従来から批判的評価のほうが多い。解散総選挙を避けて妥協した点や金融恐慌時に枢密院と最後まで戦わなかった点が問題とされてきたのである。しかし、内閣崩壊の実相は、朴烈怪写真事件で追い詰められていたところに金融恐慌が発生して最後のKOパンチを食らった、ということにある。すなわち問題は、普通選挙を控え、政策的要素よりも大衆シンボル的要素の重要性が高まっていたことを、十分理解していなかったことのほうにあるのである。「劇場型政治」への無理解が問題なのであった。

この「劇場型政治」について、重要な点をまとめて指摘しておきたい。

第一に、当時、この点に明敏な識者、例えば上杉慎吉《うえすぎしんきち》は、来るべき第一回普通選挙において朴烈怪写真事件が争点になることについて、第五十二議会前の時期に、すでに次のような指摘をしている。

「複雑なる政策問題では民衆的騒擾は起るものではない。政府が皇室を蔑ろにしたと云う簡単なる合言葉は耳から耳に容易に伝わり伝わる毎《ごと》に人の感情を激するの度を増すものである」(「朴烈問題解散及現内閣の進退に関する意見」『牧野伸顕関係文書』)

第二に、若槻は後年この朴烈怪写真事件を回想して、「反対党は、これを大問題として大騒ぎしたが、私は大問題どころか、詰まらん問題と思う。これを政治論にして攻撃するのは、彼らがいかに攻撃の材料に飢えていたかがわかるのである」(若槻〔一九八三〕二八一頁)と記している。

そして若槻は、朴烈が死刑、金子文子は無期懲役という判決だったので、朝鮮人に対する差別となり朝鮮統治上「おもしろくない」と考え、朴を無期に特赦した、とも記している。しかし実際は両人とも死刑の判決が出ている。若槻がこれをいかに「詰まらん問題と思う」と軽視していたかがうかがえよう。

ただし、これは若槻ばかりではなく、元老西園寺公望など多くの人がそうであった。西園寺は、「朴烈問題の如きは左程重大とは思わず」「此頃の憂国者には余程偽物多し。大問題にもあらぬものを捉えて妄《みだ》りに皇室の尊厳を語り、皇室をかさに着て政府の倒壊を策するものすらあり。……決して彼等に誤らるる勿《なか》れ」（河井〔一九九三〜九四〕第六巻、二三三頁。一九二六年十一月十五日）と語っているのである。

重要な点の第三は、朴烈問題で「天皇」の政治シンボルとしての絶大な有効性を悟った一部の政党人が、以後これをたびたび駆使し、「劇場型政治」を意図的に展開することになるということである。われわれはこれを次の田中義一内閣に、さらに統帥権干犯問題（一九三〇年）、天皇機関説事件（一九三五年）などに見ることになるであろう。

ロンドン条約時の「統帥権干犯問題」を取り上げて、政党人自身が自らの首を絞めたと主張する人は多く、それは間違いではない。しかし、政治シンボルの操作が最も重要な政治課題となる大衆デモクラシー状況＝ポピュリズム的状況への洞察なしに、そのことだけを問題にしても、現代に活きる反省には結びつかないであろう。

逆に言うと、「政策論争」を訴える若槻の主張はまぎれもない「正論」なのだが、それだけでは政治的に敗北するのが大衆デモクラシーというものなのである。健全な自由民主主義的な議会政治（それは政党政治である）の発達を望む者は、「劇場型政治」を忌避するばかりではなく、それへの対応に十分な配慮をしておかなければ若槻と同じ運命をたどることになろう。

さらに第四に、この問題をここまで拡大させた根源は、一枚の写真の視覚効果（ヴィジュアルな要素）が政権の打倒にまで結びつき得ることを洞察した北一輝であったが、彼ら超国家主義者こそむしろ、大衆デモクラシー状況＝ポピュリズム的状況に対する明敏な洞察からネイティヴな大衆の広範な感情・意識を拾い上げ、それを政治的に動員することに以後成功していくのである。昭和前期の政治を「劇場型政治」の視点から理解していくことの必要性が痛感される所以であり、繰り返すが、このことに無自覚な側は敗れていくし、また過去のこの時期にこれが起きたことに無自覚な側はまたしても敗れていくであろう。

第4章　天皇シンボルとマスメディア

——田中義一内閣の時代

田中義一への大命降下

一九二七年四月十七日、第一次若槻礼次郎（憲政会）内閣は総辞職した。牧野伸顕内大臣は、元老西園寺公望に次期首相についてのご下問伝達の際、意見を具申し、「憲政の常道に依り田中男〔爵〕に大命の降下あるを以て至当とする」（松本〔一九五九〕五六七頁）と述べているが、これが「憲政の常道」の語が首相選定理由に述べられた最初とされている。

さて、長く『朝日新聞』の政治記者をした有竹《ありたけ》修二《しゅうじ》は、「「井上《いのうえ》準之助《じゅんのすけ》は良き理財局長、若槻礼次郎は優秀なる大蔵次官だ」（賀屋《かや》興宣《おきのり》）というが、この考え方からすると、むしろ田中義一は総理大臣の器といえる」（有竹〔一九六七〕五六頁）と褒めている。陸相時代に海軍に予算を譲ったことなどからこうした見方も強かったのである。だから政友会総裁になり、首相にもなれたのである。

しかし当時から批判も多かった。「田中首相の財政知識がゼロであるとひとしく、人口問題……を全然理解していない……軍国的思想が、その解決策を、シベリア出兵の過去に求め……一時の笑草として見逃すわけにはゆかない」(『朝日』社説、一九二七年七月二十二日)といったものであり、「西にドン・キホーテあり、東に田中義一あり」(馬場恒吾)などとも言われたのである。

民政党の成立と本格的二大政党政治の開始

田中内閣の成立に最も衝撃を受けたのは政友本党であった。床次竹二郎総裁の権威は失墜し、その政権獲得戦略は崩壊したのである。政権党化した政友会への多数の復帰が予測され、同党は解党の危機に直面した。そこで床次総裁は憲本(憲政会・政友本党)連盟強化の声明を発表、四月二十一日、桜内幸雄《さくらうちゆきお》総務が総裁の代理として憲政会の若槻総裁を訪問し、両党合同を正式に提起したのであった。

五月十日、新党創立準備委員総会が開かれ、常務委員・趣意書等起草委員を選出。十三日、両委員が会合し、党名を「立憲民政党」とし、「議会中心主義、国際正義」を旨とする趣意書原案が決定した。こうして事態は急速に展開し、六月一日、総裁を浜口雄幸《はまぐちおさち》とする立憲民政党結党式が開かれたのであった。

その際、問題はマスメディア、とくに新聞にあった。新聞は二大政党政治の開始に期待感を表明しつつも「政権本位」の現状を危惧《きぐ》するというような報道に終始したのである（『朝日』『東京日日』）。馬場恒吾は「政権獲得意識のみで生きる政党、政治家」に失望感を表明し、吉野作造は〝両党の現状に失望した、むしろ無産政党に期待する〟という意見を発表したのであった。これが当時の多くのマスメディア・知識人の傾向だったのである。日本二大政党政治の不幸な出発と言うしかないであろう。

こうした事態は若槻内閣期のスキャンダル暴露合戦・泥仕合・解散回避談合などに由来するのだが、マスメディアが絶えず「政党政治の暗黒時代」といった見出しで「既成政党」を批判し、「新勢力」への期待ばかりを言いつのってきたという面によるところも大きい。すなわち、権力をめぐる抗争・葛藤が相当にすさまじく厳しいものであることは当然、といったスタイルで報道をしていれば、事態はかなり変わっていたのではないかと思わせられるのである。

初の普通選挙

一九二七年十二月二十六日、第五十四議会が召集された。議席数は、政友会一九〇、民政党二一九である。そして、翌一九二八年一月二十一日、再開され、田中首相・外相の施政方針演説、三土忠造《みつちちゅうぞう》蔵相の財政演説後、衆議院の解散詔書が発布された。

この選挙は、政府の選挙干渉が激しかったことで有名である。投票日までの選挙違反検挙者数は、民政党一七〇一人、政友会一六四人、諸派三〇一人（『法律新聞』二月二十五日。川人〔一九九二〕では「その他六〇五」）である。民政党が政友会の一〇倍強であるから、やはり相当に政友会に有利な取り締まりが行われたことは想像に難くないであろう。

投票日前日の二月十九日、鈴木喜三郎《すずききさぶろう》内相が声明を出した。「〔民政党の〕議会中心主義などという思想は、民主主義の潮流に棹さした英米流のものであって、わが国体とは相容れない」（『大阪朝日』二月二十日）というものであった。これは問題化した。「鈴木内相の放言は重大な政治問題」「政党政治を破壊する議会否認の思想」（『朝日』二月二十一日）、「皇室中心主義の政争は不可」（『朝日』三月三十日）というわけである。また、二月二十四日の田中首相の昭和天皇への選挙結果報告が、「首相の衆議院分野伏奏　真ならば重大問題」（『読売』二月二十五日）とされ、政府寄りとしてまた問題化したのである。

こうした傾向に対して、四月二十一日に牧野内大臣に会った『大阪毎日』幹部の岡実《おかみのる》は

「近頃皇室の事を濫《みだ》りに政治方面に論議する弊害を痛嘆」したという。牧野も「如何にも尤《もっと》もにて心あるものは皆同様嘆声を発し居る次第」（伊藤ほか〔一九九〇〕三〇一頁）と記している。朴烈怪写真事件で知った大衆デモクラシー状況における、政治シンボルとしての天皇シンボルの有効性駆使は、免れがたい魅惑があったのだとも言えよう。こうして天皇シンボルの政治的利用とポピュリズム化が一歩ずつ進んでいくのである。

選挙結果は、政友会二一七、民政党二一六、その他三三（無産党八を含む）というものであった（定数四六六、投票率八〇・三三％）。わずか一議席差である。小政党がキャスティングボートを握る、典型的な二大政党時代が訪れたのである。日本最初の普通選挙の総括として、やや長くなるが、当時辛辣な皮肉を飛ばす評論家として著名であった高畠素之《たかばたけもとゆき》の批評を引用しておこう。

「意外に番狂わせが少なかったというが、それがむしろ意内なのであって、さすがに普選時代らしい現象である。大きな声では言われぬが、普選法による有権者には有象や無象が多く、政綱や政策を見て賛否を決するよりも、候補者の閲歴や声望に基づく有名無名が、彼らの判定する人物的上下の標準となる場合が多い。……爾余一切の比較考証すべき材料を欠くが故に、ヨリ有名かヨリ無名かの一事をもって、人物判定の唯一標準とするのほかなかったと解すべきであろう。……

普選時代の候補者が、人物的にポピュラーでなければならぬことは、これも有産党と無産党との相違を問わない。むしろ私からいわせれば、人物さえジャーナリズム的に有名であるなら、所属の党籍如何などは少しも問題でなさそうに思える。……弾圧云々のごときは、釣り落とした魚の大を誇るにひとしく、弾圧があればあるだけ、汪然《おうぜん》として同情が集中されるのが普選時代のありがたさではないか。

かりに山本宣治《やまもとせんじ》、水谷長三郎《みずたにちょうざぶろう》の二君が、かたや宇治の若旦那でなく、かたや京都の富裕ボンチでなく、同時に前者が元京大講師でなく、後者が法学士弁護士でなかったとしたら、彼らの立候補に対しては誰だって洟《はな》もヒッかけなかったであろう。それを光栄ある当選に導いてくれたものは、ひとえに親の光がなせる仕業である。……亀井貫一郎《かめいかんいちろう》君が伯爵家の連枝でなく、河上丈太郎《かわかみじょうたろう》君が関大教授でなかったらの場合も、全く以上と同断であったに違いない。……かりに然らずというなら、彼らのごとく腰掛的な意味でなく、日和見的な意味でなく、終始一貫して運動に貢献した人々の落選は、これを説明するに理由を見出だし得ないであろう」(高畠〔一九二八〕)

鈴木内相弾劾議案問題と水野文相優諚問題

一九二八年四月二十三日、普選後初の国会として第五十五議会が開催された。議長選挙では政友会が勝利し元田肇《もとだはじめ》（政友会）が議長に選ばれたが、副議長選挙は野党が勝利し、清瀬《きよせ》一郎《いちろう》（革新党）が選ばれた。議会運営の困難が感じさせられる出来事と言えよう。この後野党は、極端な選挙干渉を行ったとして、鈴木内相を弾劾する案を議会に提出した。これに対し、与党政友会は最大派閥鈴木派を擁護すべく、空前の野党切り崩し工作を展開した。この攻防の激しさは類例のないものとなり、また大きく政党政治の威信を失墜させるものであった。

「民政党の代議士寺田市正《てらだいちまさ》氏は牛込矢来町《うしごめやらいちょう》の自宅から議院に出る途中、暴漢二名の為めに木の角棒を以て向う脛《ずね》を殴《なぐ》られた。……民政党では、或不良青年の自白によれば民政党の代議士を登院不可能にする程度に殴れば手付千五百円、成功金千円と云う計画的謀陰《ママ》があると公表した。それを裏書きするように、二三の民政党代議士自宅へ殴り込みがあった。幕末新選組の活躍時代が再来したかの如く見えた。

　こうした暴行が、民政党の缶詰政策を正当化した。議員の一人歩きは危険だ。自宅に一人居る事も危険だ。……其為めに議員は市中の旅館、熱海、箱根の宿屋に分宿せしめられた。これは暴力的の脅迫を防ぐと共に、意志の弱い議員を、政府筋の甘言誘惑に対して強制的に拒絶せしめる効果があった。此缶詰政策は鈴木内相弾劾案が上程された所の、四月二十八日より六日間の停会中は殊に厳重に行われ、遂に政府も切り崩しの方法を発見す〔る〕こと能わず、鈴木内相は辞職し、五月四日内相弾劾を含む決議案は政府側二二八に対し、反対党側二三三で通過した」（馬場〔一九三一〕四一二〜四一三頁）

こうして五月四日に鈴木内相は辞任を余儀なくされた。そこで、田中首相は望月圭介逓信相を内相とし、久原房之助《くはらふさのすけ》を逓信相にするという内閣改造を企図した。問題はこの久原にあった。久原は山口県萩に生まれ、慶應義塾卒。井上馨の縁者で、日立鉱山・久原鉱業を設立。鉱山王・久原財閥と言われたが、第一次世界大戦後に衰退が見られ、一九二八年政界に進出、第一回普選で当選したばかりであった。

五月二十日、水野錬太郎《みずのれんたろう》文相がこの人事に抗議して辞表を提出した。しかし、五月二十三日に田中首相が天皇に水野留任を申請し、了承された。ところが、この日天皇に会見した水野は、天皇よりご諚《じょう》（優諚《ゆうじょう》）があったので留任した、と発表したのだった。これは天皇に政治責任を押し付ける行為として問題化した。そこで、田中首相は辞意撤回は二十二日であり、水野の言動は虚偽と声明。結局、五月二十四日に水野は再度辞意を表明し、田中首相がこれを天皇に取り次ぎ裁可され、辞職が決定した。この経緯全体にわたり田中首相の輔弼のあり方が問題視されることになる。これが水野文相優諚問題である。

五月二十六日、田中首相は天皇に進退伺《しんたいうかがい》を提出した。首相の進退伺書をどう扱うか、輔弼者は首相自らしかないと宮中で問題化したが、翌日却下された。「首相の遣り口……責任解除の弁解に供するも計り難し」（伊藤ほか〔一九九〇〕三一八頁）と牧野内大臣は記している。そして、「数日来首相の進退伺事件の一部外間に洩れ、各新聞等一切〔斉〕に論じ立て非難甚し」（伊藤ほか〔一九九〇〕三一九頁）という事態となった。

貴族院の有力団体火曜会（近衛文麿《このえふみまろ》らが中心）は幹事会を開き、田中首相の態度を問題とする強硬方針を決定、政府は使者を派遣して慰留に努めた。しかし、六月三日には貴族院五派による首相問責声明が発表されることになる。また、五月三十日には新渡戸稲造、美濃部達吉、上杉慎吉、松本烝治《まつもとじょうじ》ら学者一七名が田中首相批判の声明を発表した。

この事件は田中の指導力に大きくかげりが見えはじめたことを示す事件であったと言えよう。その後、十一月十日に裕仁《ひろひと》親王（昭和天皇）即位大礼が行われたことなどもあり、水野文相優諚問題はいったん鎮静化する。しかし、一九二九年一月の第五十六議会の貴族院での首相答弁から、再び田中首相の輔弼のあり方が問題化する。二月五日、火曜会は緊急総会を開き、田中首相は「軽率不謹慎」とする申し合わせを決定、二月十三日には近衛文麿を座長とする各派交渉委員会が開催された。

そしてついに二月二十二日、貴族院は首相問責決議案（内閣総理大臣の措置に関する決議）を賛成一七二対反対一四九で可決したのだった。貴族院の内閣弾劾決議は憲政史上初であり、地租・営業収益税地方委譲関連法案、自作農創設関連法案などの主要法案は貴族院で審議未了となった。問責決議案可決の決め手は、前年の学者一七名の田中首相批判声明を踏まえた新渡戸稲造の演説であったと言われている。
貴族院のあり方としてこのような行為が適切かどうか迷うところだが、当時は以下の『東京日日』のような論調が圧倒的多数派だったのである。
「貴族院改革の声すらある今日において、貴族院がその行蔵《こうぞう》を慎むは当然……同院が今回の如き断乎たる態度に出たことは、その背後に国民多数の意思が動いているという自信があるからであろう……〔田中内閣は〕わが憲政史上、稀《まれ》に見る悪政を重ね、恬《てん》として恥ずる所を知らない。……衆議院にして有効にこれを窮迫弾劾し得ざる以上、等しく帝国議会の一部たる貴族院が、今回の如き挙にかりて、政府の進退を問うのは、まことにやむをえない」(『東京日日』六月二十三日)
なお、伊沢多喜男《いざわたきお》は田中内閣崩壊後になって、問責決議案可決は近衛、細川護立《ほそかわもりたつ》、それに伊沢自身のやったことで、これが内閣瓦解の原因だとしており、小川平吉も「首相を斃《たお》せし弾丸は単に満洲問題の一発に非ず」「水野文相辞表に関する上院の所謂軽率不謹慎問題」をはじめとする四点だった、と指摘している。天皇をめぐる政争の焦点化が田中内閣崩壊の重要な要因だったのである。

不戦条約「人民の名において」問題

天皇シンボルをめぐる政争はさらに連続する。

一九二八年四月十三日、米仏は「国際紛争解決の為戦争に訴うること非とし……国家の政策の手段としての戦争を抛棄することを其の各自の人民の名に於て厳粛に宣言す」とする不戦条約を締結することを目指し、日英独伊四か国に送付した。日本政府はこれに対し五月二十六日、駐米大使に欣諾《きんだく》（喜んで承諾する）回答を送った。八月二十七日、フランスで一五か国代表が調印（このためパリ条約、パリ不戦条約とも呼ばれる）。日本の全権として出席したのは内田康哉《うちだこうさい》であった。

ところが条約文中にあった **"in the names of their respective peoples"**（人民の名において）という文言は天皇大権の干犯であるという攻撃が行われはじめ、九月末から政治問題化した。

十二月二十六日に召集された第五十六議会は、一九二九年一月二十二日に再開され、野党はこの問題で政府を攻撃した。これに対し田中首相は、この字句は「人民のために」という意味であり何も問題はないと答弁した。議会はかろうじて通過したが、「天皇の諮詢《しじゅん》に応え重要の国務を審議す」と定められた枢密院では平沼騏一郎《ひらぬまきいちろう》らがこれに反撥していた。そこで、六月十日、「人民の名において」という字句は日本には適用されないという宣言を付して、不戦条約は枢密院に諮詢されたのである。しかし、議会では問題ないと言いながら枢密院のために宣言を付けるとは、「議会を無視し、国民を愚弄《ぐろう》する行為」「断じて忍容することが出来ない」（『東京日日』社説、六月十九日）と批判されることになった。枢密院からも議会からも田中は攻撃されたのである。こうした宣言を付したこともあり、結局六月二十六日、不戦条約は枢密院を通過したが、混乱の責任を取って内田は枢密顧問官を辞職したのであった。

この事件が、またしても天皇シンボルをめぐる抗争であったことは言うまでもないが、政府を攻撃したのが野党の民政党であったことも重要である。第3章で述べた朴烈怪写真事件は民政党の前身である憲政会政府に対して、政友会を中心とした野党が攻勢をかけた闘争であった。だが、水野文相優諚問題といい、「人民の名において」問題といい、民政党も天皇シンボルをめぐる抗争を仕掛けたのであり、日本の大衆デモクラシー下の政治抗争において、このシンボルが持つ大衆動員力には党派を問わず抗しがたい魅力があったということなのである。天皇シンボルのポピュリズム化がこの時期大きく加速化したとも言えよう。また、こうした点を見ると、民政党を過大評価することは実情に即さないと言えよう。

張作霖爆殺事件

さて、田中内閣崩壊の直接的契機となったのは張作霖《ちょうさくりん》爆殺事件（満洲某重大事件）であった。当時、田中首相らは奉天軍閥の張作霖への支援を通じて満洲における日本の権益の防衛をはかっていた。張作霖はそれを超え北京政府の実権まで握り、かつて救済してもらった関東軍の意向にもことごとく反抗していた。そうしたなか、蔣介石《しょうかいせき》の国民政府の北伐軍が北京に迫った。

一九二八年五月十八日、日本政府は「満洲に戦乱及ぶ時は治安維持のため適当有効な措置をとる」と張作霖と国民政府に通告した。とくに芳沢謙吉《よしざわけんきち》公使はこれを直接張作霖に伝え、満洲復帰を勧告した。六月三日、張作霖は特別列車で北京を出発、しかしこの列車が六月四日に奉天近郊で爆破され、張作霖は死亡した。

これは、関東軍高級参謀河本大作《こうもとだいさく》大佐の陰謀であった。これが陰謀であったことは、中国（奉天軍・国民政府）、日本政府中枢、軍中央のいずれもが早期に察知した。元老西園寺公望は田中首相に真相公表と関係者の処罰を要求、田中も同意した。しかし、関東軍・軍中央・閣僚の多数は、真相公表は日本に不利益と反対した。それでも暮れの十二月二十四日、田中首相は天皇に真相公表と関係者処分を内奏したのだった。だがその後、真相非公表と警備責任者のみの処分という処理方針が政府内の大勢となっていった。

一九二九年一月二十五日（～二十九日）衆議院予算委員会で中野正剛（民政党）が「満洲某重大事件」について田中首相を追及した。議会で取り上げられたので、早期に決着をつけざるをえない大問題となったわけである。

三月二十七日、白川義則《しらかわよしのり》陸相は真相非公表と警備責任者のみの処分という方針を内奏した。牧野内大臣は「驚愕の至り」「言語同断」（伊藤ほか〔一九九〇〕三五一頁）と日記に記している。四月三日、今度は牧野が田中首相に会ったところ、田中は「昨冬……決心の程を聞きたる時とは根本に相違……当時の事は忘れたる如き態度……今更乍《なが》ら呆然自失」（伊藤ほか〔一九九〇〕三五二頁）という状況であった。白川陸相・田中首相ともに前年末の方針とは打って変わった方向で行こうとしていることが、宮中関係者に明白に伝わったのである。

六月二十七日、この日の新聞には総辞職を求める猛烈な田中内閣批判が出た。その日の朝、牧野内大臣、鈴木貫太郎《すずきかんたろう》侍従長、一木喜徳郎《いちききとくろう》宮内大臣は協議し、「陛下よりは曩《さき》に奏上したる所と合致せざる点につき御指摘相成り、篤《とく》と考えるべき旨を以て厳然たる態度を採らるること然るべく」ということになった。その後田中首相は、村岡長太郎《むらおかちょうたろう》関東軍司令官らの行政処分による決着を天皇に上奏。天皇は以前と方針が変わっていることを指摘し、田中が理由を述べようとすると天皇はこれを拒絶した。

翌二十八日、田中首相の再度の上奏希望を天皇は拒絶。かくては詮なく、七月二日、田中内閣は総辞職した。新聞は一斉にこの内閣の「憐れな最後」を叩いた。

「人心は疾《と》くの昔に現内閣を去っていた……ほとんど空前に近い無責任政治を演じて、議会をして有れども無きがごとくならしめた。……元老宮中の介入発言をすら惹起するに至る、

またやむを得ざる勢いといわざるを得ない」（『朝日』六月三十日）

「憲政の道義に反逆して積悪の限りを尽し……政権私有の非望を逞《たくま》しうす、天譴《てんけん》遂にその頭上に降りて、千載の下不臣の醜名を残すも、所詮は身から出た錆《さび》……内閣瓦解の報伝わると共に、至る所歓呼を以てこれを迎え」（『報知新聞』七月一日夕刊）

「二年余に亘る不人気、不評判の内閣が退却するの一事は、一般に大歓迎せらるる所」（『時事新報』七月一日）

田中首相の再度の上奏希望を天皇が拒絶した二十八日の翌日、政友会の小川平吉鉄道相は西園寺に面会して経緯を聞いている。そのとき、西園寺は次のように牧野らを批判したのだった。

「陰謀者流も困るが、正直にて馬鹿の奴には尚困る云々。世の中に議会中心主義を標榜《ひょうぼう》する者あるが、其の反対に今回は君権神聖論を主張するものあり。曰《いわ》く、田中内閣の如く議会には金銭の力に依て多数を制し、悪政を連続して底止するなくんば、国家の前途は寒心に堪へざるなり、宜しく之を倒すべしと。焉《いずく》んぞ知らん、悪政なりと断ずるは何を以て標準とするや、何人が之を決定するや、危険なることとなり。然れども彼等は予の説の如きには耳を仮さざるなり。予は力足らざりしなり」（六月二十九日）

天皇シンボルの肥大化とマスメディア・知識人の問題点

田中内閣は、一般に言われるように張作霖爆殺事件だけが原因で崩壊したのではない。張作霖爆殺事件は諸要因の一つであり、またその処理に際して昭和天皇は、後年東京裁判対策のために自ら語ったメモ(寺崎ほか〔一九九一〕)にあるように個人的意思で行ったのではなく、宮中のアドヴァイザーに相談しつつ田中を叱責したのであり、広い意味では宮中の力は大きなものなのであった。

さらに宮中に近い貴族院と新聞世論もその背後にあった。田中内閣の倒壊とは、天皇・宮中・貴族院と新聞世論との合体した力が政党内閣を倒したということである。しかし、「腐敗した」内閣であっても政党内閣は野党によって倒されるのが健全な議会政治の道なのであり、これは不健全な事態である。「政党外の超越的存在・勢力とメディア世論の結合」という内閣打倒の枠組みがいったんできると、「政党外の超越的存在・勢力」が入れ替わることにより、それと「メディア世論の結合」による政党政治の崩壊が起きやすくなるからである。実際、後の章で見るように「軍部」「官僚」「近衛文麿」などと形を変えてそれは再生されていき、政党政治は破壊されることになるのである。

また、「天皇」は再三政治的に利用され、この時期に有効な焦点となったが、これは大きな問題であった。朴烈怪写真事件で、大衆デモクラシー状況における天皇(国体)の政治シンボルとしての有効性を察知した政党関係者は、田中内閣時にこれをほとんどの政治的問題の焦点として利用した。すなわち、鈴木内相の「皇室中心主義に対する議会中心主義攻撃」問題、水野文相優諚問題、不戦条約「人民の名において」問題などである。

こうした天皇の政治シンボルとしての肥大化が、以後の時代に天皇シンボルのいっそうの政治的利用や「天皇親政論」的発想、すなわち天皇型ポピュリズムを導き出すことになるのだが、政党人にその自覚は乏《とぼ》しかった。

マスメディアは、こうした天皇シンボル型ポピュリズム的問題と既成政党政治批判ばかりをセンセーショナルに報道し、せっかくの二大政党成立の時代に、その健全な育成に意を注がなかったのだった。

知識人も、吉野作造が典型であるが、大衆デモクラシー時代に十分に対応することができなかった。吉野は田中内閣を「空前の最悪内閣」とし、「下院」を「不自然なる多数」の「一政党の横暴」と攻撃したが、普通選挙が行われている以上、結論的には「人民」にその責任を求めざるをえず、そのデモクラシー論は一つの破綻をきたしたと言わざるをえない（吉野〔一九三〇〕九一～一一七頁）。

ヴァイマール共和国の危機に際してオーストリアの法・政治哲学者ハンス・ケルゼンは「デモクラシーの船が人民自身による投票の多数派により沈み行くとき、デモクラシー擁護論者は、いったんそれとともに再浮上を期しつつ沈み行くしかない」と断言したが、日本の吉野らにはそれだけの判断も決断もなかった。

当時、多くの知識人は、既成政党＝ブルジョア政党への失望と批判ばかりを語り、同時に新興の第三極としての「無産政党」の発展に期待していたのだった。二大政党制の意義と理念を語ることができなかった彼らは、「無産政党」が内訌《ないこう》を続けて国民多数の支持を得られず夢が破れると、今度は「軍部」や「近衛文麿」「新体制」などに期待することになる。

勝負は、マスメディアの既成政党政治批判と天皇シンボル型ポピュリズムが結合しはじめたこの時期につきはじめていたとも言えよう。

第5章　統帥権干犯問題と浜口雄幸内閣

浜口内閣の成立

一九二九年七月二日、田中義一内閣は総辞職した。元老西園寺公望は衆議院第二党の民政党党首浜口雄幸を次期首相に推薦《すいせん》。午後九時に親任式が挙行され浜口内閣が成立する。

浜口内閣の最初の課題は緊縮財政・金解禁（金輸出解禁）政策だった。十月十五日にまず全官吏の一割減俸声明が出された。これに対し判事・検事と鉄道省の官吏が反対運動を開始、判事・検事は行政官よりも廉給なので強硬であり、総辞職を示唆していた。天皇が「深く軫《しん》念《ねん》」しているということで、いったん内奏したということにとらわれず「再考」可という意向が鈴木貫太郎侍従長から財部《たからべ》彪《たけし》海相に伝達されることになった（伊藤ほか〔一九九〇〕三八八〜三八九頁）。

結局、十月二十二日に撤回と決まったが、十月十五日閣議決定→同日声明書発表→十月十六日内奏、という順序は、帝国憲法第十条の「天皇は文武官の俸給を定め」るという大権の干犯とする批判が議会内多数派の政友会内部に登場した（『朝日』十月二十四日）。しかし、このとき、政友会総裁の犬養毅《いぬかいつよし》はこれを政争の具にはしなかった。ところが翌年総選挙に大敗し少数野党化すると、政友会は「統帥権干犯」問題を持ち出すことになるのである。

この経緯から、余裕があればむやみに天皇シンボルを濫用《らんよう》するわけでもないことがわかる。天皇型ポピュリズムに走るのは政治的に苦しい立場に立たされたときなのである（もしこのときも「大権干犯」論を持ち出せば、「俸給権干犯」論となったのであろうか）。

十月三十日、「恐慌的大瓦落を動機として、日本の生糸大崩落」（『大阪朝日』）という見出しが新聞に躍った。ニューヨーク・ウォール街の株式大暴落、世界恐慌の開始である。世界の景気は悪化の一途をたどるが、日本のそれが激しく悪化するのは翌年のこととなる。

浜口内閣は第二回普通選挙（第十七回総選挙）実施に打って出る。一九三〇年一月二十一日解散、二月二十日投票の総選挙となった。その結果は、民政党二七三（改選前一七二）、政友会一七四（同二四四）、その他一九（うち無産五。改選前三八）というもので、与党民政党が圧勝し、内閣は地盤を固めた。そうして登場するのがロンドン海軍軍縮条約問題である。

ロンドン海軍軍縮条約をめぐって

一九二二年に締結されたワシントン海軍軍縮条約は、戦艦・航空母艦など主力艦保有の比率を米：英：日＝五：五：三としたが、一万トン以下の補助艦（巡洋艦・駆逐艦・潜水艦など）については何の制限もなかった。一九二九年十月七日、英国（マクドナルド労働党政権）は、日米仏伊をロンドン会議に招請した。

十月十六日、政府は参加を回答し、十一月二十六日に開いた閣議で三大原則を決定した。それは次の三点であった。①補助艦（巡洋艦・駆逐艦・潜水艦など）の総括トン数は対米七割、②大型巡洋艦はとくに七割確保、③潜水艦は現有量七万八五〇〇トンを保持。

一九三〇年一月二十一日、ロンドン会議が開始された。この会議をめぐる政治情勢を理解するにあたって重要なポイントは以下のような点である。

まず、浜口内閣は緊縮財政推進のために海軍軍縮が必須だった。日本政府の方針に対し、米国は日本の対米比率引き下げ（総トン数六割、大型巡洋艦六割、潜水艦全廃）を主張するので、会議が難航するのは必至であった。海軍内では岡田啓介《おかだけいすけ》軍事参議官（前海相）、山梨勝之進《やまなしかつのしん》海軍次官らの「条約派」と、加藤寛治《かとうかんじ》海軍軍令部長、末次信正《すえつぐのぶまさ》海軍軍令部次長らの「艦隊派」の見解が相違していた。

三月十二日、米全権委員リードは以下のような最終妥協案を提示した。①日本の総括的対米比率六割九分七厘五毛、②大型巡洋艦は六割二厘、③潜水艦は現有量七万八五〇〇トンは認められず日米均等五万二七〇〇トン、条約期限は一九三六年まで。若槻礼次郎ら日本全権は、米国の最終妥協案に関し、これ以上の譲歩は得がたいとして三月十四日に請訓《せいくん》（本国政府に指示を求めること）を送った。三月十五日、浜口は山梨海軍次官に部内取りまとめを指示し、岡田軍事参議官に依頼した。

三月十七日、各紙夕刊に「海軍当局の言明」が掲載されたが、これは末次海軍軍令部次長が独断で若槻案を暴露し、反対論を展開したものだった。これに対して三月二十五日、浜口は山梨海軍次官に「自分が政権を失うとも民政党を失うとも又自分の身命を失うとも奪うべからざる堅き決心なり」（『現代史資料』第七巻、三五〜三七頁）と、この問題にかける意気込みを伝えた。その翌々日の三月二十七日、浜口は天皇に召され、若槻案での早期妥結を言上、天皇から「世界の平和の為早く纏《まと》める様努力せよ」という言葉があったので、浜口は「決心益々強固」となった。

三月二十八日、浜口は定例閣議で、請訓案に答える回訓案を四月一日に閣議に付すると予告した。三月三十一日、加藤海軍軍令部長は軍縮条約に関する天皇への上奏を申請したが、鈴木侍従長はこれを翌日に遅らせた。

四月一日八時半、浜口首相は岡田軍事参議官、加藤海軍軍令部長、山梨海軍次官に条約調印訓電を示し決心を伝達する。海軍首脳は会議を開き、閣議陳述覚書（海軍にとっては必要に達しないものであることを述べた後、閣議決定後は航空兵力の充実や艦船装備の改良への配慮を要請した内容）を作成した。十時ごろから閣議を開き回訓を決定、天皇の裁可を経て若槻らの全権団に打電した。

加藤海軍軍令部長は同日の天皇への上奏を要請したが、鈴木侍従長は再度延引させ、二日十時半とした。二日十時半、加藤は天皇に対し回訓に不同意の旨を上奏した。しかし、その理由として加藤が挙げたのは、回訓どおりであれば帝国国防方針（一九二三年策定）を変更しなければならない、というものであったから、天皇は「聞き置く」に留めた。その後、加藤は反対声明を発表したが、「事態の推移に対応し善処する」という文言が含まれており、岡田軍事参議官は海軍軍令部の反対も「この程度なら差支えなからん」と判断、浜口首相も内容を承知しそれほどひどい内容ではないと判断した。

こうしてロンドン海軍軍縮条約問題は大きな一つの山場を越えたのだった。三月二十七日の天皇の意思表明は、天皇の国際協調主義・平和志向が表明された行為だが、当時の国内の政治状況的にはかなり一面的な行為であった。意思表明をしないのがベストであり、対立する両者の意見を聞き、できればさらに有力者の意見を聞いてから落としどころを探り、間接的に伝えるのがベターなのである。これでは結果的に前章で述べた田中義一首相への叱責に似たものとなった。

四月十日、関係国間で条約調印は合意された。十六日、末次海軍軍令部次長には戒告処分が下された。これに対し二十一日、海軍軍令部はロンドン海軍軍縮条約案に不同意の覚書（「倫敦《ロンドン》海軍条約案に関する覚」）を山梨海軍次官宛に送付した。山梨次官は受け取りを拒否し、加藤海軍軍令部長に撤回を求めたが、加藤が拒否したので次官預かりとなっている。

「統帥権干犯」の登場

さて、前述のように加藤寛治海軍軍令部長が米案に不同意の声明を発表したのだが、これを翌四月三日の『大阪毎日』は次のように報道した。見出しは「統帥権干犯で批准の際一問題か」である。

「加藤軍令部長は上奏後別項のごとく談話の形式で声明をなし、軍令部は米案を骨子とする兵力量には到底同意を与えることが出来ないと言明……政府が最後まで反対せる軍令部の意向を無視して国防兵力そのものを限定拘束するの実質を持つ国際協定を成立せしめんとして、統帥権干犯というような問題を生ずる場合もあるべく……枢密院でこの点が重大なる問題として取扱われるであろうと見られている」

これが「統帥権干犯」という用語の初出と言われる。翌四月四日、「海軍軍縮国民同志会」が「大権干犯」として政府に抗議した。この団体には北一輝の弟北昤吉《きたれいきち》や、北の右腕と言われた西田税《にしだみつぎ》が実行委員として加わっていた。

また、四月二日には政友会幹事長の森恪が談話で「国務大臣には国防上直接責任はない」「直接責任ある軍令部の強硬なる反対意見を知りながら、これを無視して決定し去ったということは……政治上の責任は恐るべきものがある」「憲法上許すべからざる失態」（『東京日日』四月二日）である、と語っている。

北一輝と森恪は朴烈怪写真事件以来、密接な関係にあったから、統帥権干犯という用語は北の発明になるという有力な説がある所以である。だが、正確に固めるには『大阪毎日』と北の関係が示されねばならないであろう（小山〔二〇一七〕。関〔二〇〇七〕二二六頁）。

なお、ここで「統帥権問題」について説明しておくと、帝国憲法第十一条には「天皇は陸海軍を統帥す」とあり、第十二条には「天皇は陸海軍の編制及常備兵額を定む」とある。美濃部（達吉）学説では、軍の統帥（作戦など）自体は軍に任せられているが、第十一条の統帥権は第十二条の編制権に及ばないのであり、軍の編制とは国家の備えるべき兵力を定める権能であって国務上の大権であり、内閣が輔弼する事項だとされているのである。これに対し、統帥権干犯論者は、「国防」、すなわち兵力量の決定も第十一条に含まれると主張するわけである。

統帥権干犯問題へ

一九三〇年四月二十二日、ロンドン海軍軍縮条約は調印され、その翌日四月二十三日から第五十八特別議会が開会されたが（五月十三日まで）、この議会では条約批准問題が焦点となった。

四月二十五日、衆議院で政友会の犬養毅と鳩山一郎は、ロンドン海軍軍縮条約締結に関し国防上の欠陥と統帥権干犯につき政府を攻撃した。統帥権干犯問題が生起したのである。これに対し浜口首相および内閣は「不答弁主義」を取った。憲法論議より政策の実際的結果と是非を論議すべきだからというのである。これは「味方」の美濃部達吉らからも批判されることになったし、政友会からも「官僚的」「非立憲的」と批判された。浜口は宇垣一成《うがきかずしげ》陸相、財部彪海相ら軍部との関係を円滑にして内閣を維持していきたい、そのためにはこの問題に触れずにすませたいということから「不答弁主義」を取ったと言われている（原田〔一九五〇～五二〕第一巻、五〇～五一頁。関〔二〇〇七〕二五六頁）。浜口の見解にも一理あるが、憲法論議で負けないところを見せて、政策論争もする、というスタンスを取ったほうがより支持を得やすかったであろう。

こうして、かつては軍部大臣文官制を唱えて軍閥批判の急先鋒であった犬養が、政友会を代表して軍令部の味方をし、立憲主義を謳う浜口・民政党が「非立憲的」と批判される国会となったのである。前者は明白なポピュリズムであり、後者は内閣の瓦解による次の選挙の敗北を防ごうとしたのであればポピュリズム的傾向とも見られよう。

五月十三日、特別議会は終了した。この議会も与野党の対立は激しく乱闘・喧噪《けんそう》・泥仕合に終始していた。国家主義団体のロンドン海軍軍縮条約反対運動が活潑化するのはこのころからである。

五月十九日に財部海相が東京駅に着いたが、ホームの歓迎の群衆は通路を塞ぎ、警官の制止がきかないありさまであった（『東京日日』五月二十日）。その後、財部海相は天皇に会議について報告したが、天皇はロンドン海軍軍縮条約の早期批准を督励している。これに対し、特別議会の中盤後から、森恪はじめ政友会幹部山本悌二郎《やまもとていじろう》、久原房之助、鈴木喜三郎らは倒閣を期し、枢密院での批准阻止に向けて活動を開始していた。

加藤寛治海軍軍令部長は六月十日、天皇に辞表を提出した。天皇は無言だったので加藤は動揺を見せた。天皇はこれを、鈴木貫太郎侍従長、奈良武次《ならたけじ》侍従武官長に相談、結局財部海相に委ねることにした。浜口首相は、こうした場合は海相の事前承認を得るのが慣例であったので、加藤の「手続き違法なり」としている。午後に財部海相が参内し、加藤海軍軍令部長の更迭と、後任に谷口尚真《たにぐちなおみ》大将を奏薦することを報告した。

六月十一日、海軍軍令部長の後任に谷口が任命され、山梨勝之進の海軍次官ポストには小《こ》林躋造《ばやしせいぞう》、末次信正海軍軍令部次長の代わりに永野修身《ながのおさみ》が着任することが発表された。さらに六月二十日には、天皇がロンドン会議の全権団を招き慰労の勅語を下した。こうした一連の動きに対しては、宮中側近の政府庇護・枢密院誘導行動説が流布され、政府は攻撃を受けることになる。

六月十七日、政友会系の『中央新聞』夕刊に、軍令部の帷幄《いあく》上奏を鈴木侍従長が専断で遷延させたと攻撃する記事が掲載された。政友会と海軍艦隊派の連携による攻撃であることは明白であった。続いて六月二十三日、『時事新報』に、軍令部長の更迭は元帥に下問すべきなのに、政府と宮中が策動連携して、海相を呼び出すよう牧野伸顕内大臣が天皇に助言した、などとする記事が掲載された。この記事には宮中が取り消しを要求している。

以後も国家主義陣営の怪文書は横行し、早期妥結を促す三月二十七日の天皇発言を虚構とし、鈴木侍従長の加藤軍令部長上奏阻止・軍令部長更迭手続きの不備などを攻撃、また、六月二十日には勅語の牧野内大臣陰謀説などが流布された。

七月二十三日、ロンドン海軍軍縮条約の批准に向けた次の関門としての海軍軍事参議官会議が開かれた。東郷平八郎《とうごうへいはちろう》元帥、伏見宮博恭王《ふしみのみやひろやすおう》の強硬な反対が予想され、財部海相は「元帥らの緩和は絶望」と最初浜口首相に告げていたのだが、浜口は「たとえ玉砕すとも男子の本懐ならずや」（坂野ほか〔一九八三〕）と励まし、財部の職を賭しての説得で奉答にこぎつけた。

こうしてロンドン海軍軍縮条約は七月二十四日に最後の関門、枢密院に諮詢され、十月一日、枢密院本会議で可決。十月二日に批准された。翌三日、財部海相は辞任し、後任は安保《あぼ》清種《きよかず》となる。枢密院は倉富勇三郎《くらとみゆうざぶろう》枢密院議長はじめ、平沼騏一郎副議長、伊東巳代治委員長ら条約反対派で充満していたが、元老西園寺、牧野内大臣ら宮中グループと伊沢多喜男ら民政党系貴族院議員の支援（反対派枢密院顧問官の切り崩し）、それに新聞世論を背後に、浜口首相は強硬姿勢で乗り切ったのである。

浜口首相狙撃事件

一九三〇年十一月十四日、浜口首相は岡山・広島両県の陸軍大演習に向かうため東京駅に来たところを愛国社の佐郷屋留雄《さごやとめお》に撃たれ重態となった。佐郷屋はロンドン海軍軍縮条約問題だけでなく、金解禁による大恐慌も狙撃理由に挙げている。このとき、浜口は「男子の本懐」と言ったとされるが、前述のようにロンドン海軍軍縮条約を通すときから使っていた表現であった。

十一月十五日、幣原喜重郎外相が臨時首相代理に就任した。以後、浜口が病院で回復に努める間、幣原首相代理が続くが、翌一九三一年二月三日、幣原臨時首相代理失言事件が起きる。

衆議院予算委員会で中島知久平《なかじまちくへい》（政友会）の質問に対し、幣原首相代理は「此条約は御批准になって居ります。御批准になって居ると云うことを以て、此倫敦条約が国防を危くするものでないと云うことは明か」と発言し、天皇に政治責任を押し付ける発言とし大問題化したのである。これが政友会による、田中義一内閣下の水野錬太郎文相優諚問題以来の遺恨晴らしであることは明白であった。大乱闘で負傷者が出て審議が一〇日間ストップし、またも政党政治の評判を落とすことになってしまう。

浜口は野党の要求で三月十日に病を押して登院したが、これが無理であったようで、四月十三日辞意を表明し、浜口内閣は総辞職した。

まとめ

本章で述べた内容について、重要な点をいくつか指摘しておきたい。

第一に、統帥権干犯問題や幣原臨時首相代理失言事件など、天皇シンボルの政治的利用が繰り返され、拡大されて、天皇の政治的権威・重要性はさらに強化されたのであった。これが後に政党の権威を弱めることにつながることへの自覚は十分ではなかったと言えよう。

第二に、ロンドン海軍軍縮条約締結は浜口内閣の傑出した成果だが、天皇・宮中グループと新聞世論（回訓後）の強力な支援により批准承認という最大の試練を乗り切ったという事実は、実は田中内閣倒壊の際の政治構造と、かなりの程度同じ構造の裏返しの表現であった。政党の純粋の勝利ではなく、二つもの政党外勢力への依存による勝利は危ういところがあった。天皇・宮中グループと新聞世論の合体からなる政党外勢力が最強の政治勢力となる伏線となっていくからである。

第三に、さらに問題なのは新聞世論であった。新聞世論の変化はポピュリズムに関わり重要であるから、ここで詳しく分析しておこう。

ワシントン会議で日本は対米七割を主張したが、伊藤正徳《いとうまさのり》によると、当時日本の世論はこれを支持する者二〇％で、対米六割でもいいから協定をまとめるべきだとする者が七〇％（対米一〇割が一〇％）だったという（伊藤〔一九二九a〕七頁。同〔一九五六〕三七六頁。関〔二〇〇七〕七六頁）。世論工作の失敗が、対米七割を達成できずワシントン会議が失敗に終わった原因と考えた海軍は、ロンドン会議に向けてその挽回《ばんかい》を期していた。

具体的には、新聞との意思疎通に失敗したと考えていた海軍は、ロンドン会議が始まる前に緒方竹虎《おがたたけとら》ら新聞社の代表と会合を持つことにした。山梨勝之進、野村吉三郎《のむらきちさぶろう》、小林躋造、末次信正らが出席。場所は築地の料亭「錦水《きんすい》」であった。そこで海軍の方針を示し、「今度は新聞社の諸君とも協調してやりたい……新聞の方でも補助艦艇七割を支持して貰いたい」と申し入れた（高宮〔一九五八〕四五頁）。

これに対して『朝日』の緒方は、「しかし会議には相手があるのだから七割が通らんかも知れんが、若し通らなかったらどうする」と質したところ、海軍側は「その時はよく相談する」という返事であった。

「七割を主張して行って、通らなかった時急に新聞社が論調を変えるのは困るというのが、その時新聞側の一致した意思だったが、その時はそれで別れた」（高宮〔一九五八〕四五頁）なお、山梨によると、このときかどうかわからないが『読売』の正力松太郎《りょうりきまつたろう》は「心配しないで思う存分やれ。われわれが後についているからね」と言ったという（山梨〔一九八一〕一七二～一七三頁）。

とにかくこれで、この後、大体の新聞は軍縮の成功を望みつつ七割確保も主張するという論調となった。こうして「海軍が笛を吹いて新聞が踊った」（清沢〔一九三二〕三七五頁）。国民も「対米七割を絶対視するようになったように見えた」（関〔二〇〇七〕七九頁）という。実際、一九三〇年二月七日にアメリカが日本の七割案を一蹴する提案をしたという報道がなされると、加藤寛治海軍軍令部長が日記に「輿論激昂」と書く状態が起きたりした（関〔二〇〇七〕一三六頁）。三月二十五日には「大軟派」と見られた『東京朝日』が会議成功を言いつつ大型巡洋艦七割を主張、『大阪朝日』は政治的保障と六割六分を説いていたのだから微妙であった。

回訓前の三月二十七日、政友会の森恪幹事長が海軍の三大原則を支持する声明を発表したとき、『東京朝日』の「今日の問題」は、「財政にも外交にもおかまいなしの国策決定は困る」として軍令部任せの決定には批判的で、『国民新聞』（三月二十六日）も妥協案を支持している。

しかし、『東京日日』『大阪毎日』『報知新聞』『中外日報』（三月二十七、二十八日）らはいずれも譲歩を否定しており、とくに『東京日日』『大阪毎日』（三月二十七日）は、「屈従を許さず。米国案を拒否せよ」と強硬に主張していたから、多数は七割貫徹論であった。

四月二日の回訓発電の日には、『国民新聞』が「財政上の影響をも考慮すれば、妥協もやむをえない」と書き、四月三日には『東京朝日』が「国民負担の軽減」、『時事新報』も「負担の軽減」を指摘する事態となった。四月十五日には『東京日日』『大阪毎日』とも「国民に不満はあるけれども……政府の押しは通るであろう」と書くようになり、四月十六日、両紙は「何といっても大手柄……実質上我が国防に危険はなく……財政に多大の余裕を生じる……全権の労苦と努力に対し、当然の謝意を表すべきである」と断言した。

最後の段階になり、受諾論と同時に「国民負担の軽減」論が急速に出てきた印象があるが、これは、「案の条日本の七割は通らん」で「新聞だけが引込みのつかないことになってしまった」（高宮〔一九五八〕四六～四七頁）こととやはり関係がありそうだ（ただし、これまでの叙述でわかるように、とくにドラスティックなのは『東京日日』『大阪毎日』であった）。

この点について、外交評論家清沢洌《きよさわきよし》は次のように書いている。当初新聞は「対外問題、国防問題の如きに対しては、日本の圧力的空気から自己の意見を発表しえなかったと見るべきで……果して一度び政府が妥協案に賛成すると、表皮の国粋論、強硬論が破れて、内部の進歩的、自由主義的の議論が擡頭する機会が来た——こう解釈しないで……どうして全国の新聞か一夜にして態度を変うる早業ができようぞ。／いずれにしても、その勇気において、その思想において、政治家は却って新聞記者よりも進歩しているという事実を今回の軍縮会議で示されたような気がした。これは決して新聞のために名誉ではない」（清沢〔一九三一〕三八〇～三八一頁）。

また、伊藤正徳は「数ヶ月前までは六割で沢山だとさえ考えていた多数新聞社である」。海軍の要求を聞いて「暫く七割を支持しようとまで動いて来た新聞社」だが、「七割は教わった計《ばか》りの学問」、「信念を以てその不可譲を説いたものは一社も無かった」。「それがあの妥協案を手にしたのだから……期せずして一疑に及ばず賛成論の筆致を挙げたのも決して怪しむに足らない」（伊藤〔一九三四〕九二頁）としている。要するに七割のほうが「一時しのぎ」だったというわけである。

同じことを、宇垣一成陸相は次のように言う。

「厳粛且《かつ》真面目であるべき国防関係の海軍々縮に対する輿論《よろん》の豹変《ひょうへん》は不可解也。世間では操觚者流《そうこしゃ》〔新聞記者〕が外務〔省〕甚しきは米〔大〕使に買収せられたりと云うものあるも、余は信じたくない。海軍の宣伝に乗りたりしが中途に其非を悟りし結果なりとか、軍縮剰余金が減税に向けらるると云う政府の声明に共鳴したるなりと云うものあれど、宣伝に乗りたとすれば余りに浅薄軽率であり、減税に眼が眩したならば余りに国家の安全と個人の負担軽減との権衡を失する盲目的の立論と云わねばならぬ。兎に角三者の内を出でざるべし。之れでは輿論尊重の念も何となく薄らがざるを得ぬ」（宇垣〔一九六八〜七一〕第一巻、七六〇頁）

なお、「米使に買収せられたりと云う」というのは米大使キャッスルが多額の金銭で日本の新聞記者を買収し軍縮に協力的な記事を書かせた、とする事件をいう（伊藤〔一九六九〕四三九頁）。

ロンドン海軍軍縮条約についての優れた研究書を著した関静雄は、宇垣の説明のうち、海軍の宣伝と減税の二点を「輿論の豹変に大きく作用していたように見える」（関〔二〇〇七〕二三二頁）としている。ポピュリズム的傾向は、海軍に乗せられた安易な強硬論と、（であるがゆえの）「減税」を名目とした「豹変」という形で出現したのである。宇垣の言うように、前者は「余りに浅薄軽率」であり、後者は「国家の安全と個人の負担軽減との権衡を失する……立論」である。「信念を以てその不可譲を説いたもの」ではないが、それがポピュリズムというものなのである。

そして、五月十九日の財部彪海相の帰国に続く六月十八日の若槻礼次郎全権の帰国も大歓迎ムードとなったのであった。

このように回訓後一斉に条約締結に足並みを揃え、「豹変」して世人を驚かせた新聞世論は、またいつどういう方向に足並みを揃えて豹変するか知れなかった。それは、一九三一年の満洲事変の際にまず見られ、一九三三年の国際連盟脱退に見られるであろう。とくに、国際連盟脱退はロンドン海軍軍縮条約問題のわずか三年後であり、このときに国際協調主義の財部・若槻全権の帰国を大歓迎で迎えた同じ国民が、国際的孤立の道を進めた松岡脱退全権を大歓迎で迎えることになる。「豹変」の危うさこそ、ポピュリズム外交の危うさなのである。先取りして述べておけば、それは一九四〇年のナチス・ドイツの電撃戦勝利下の近衛新体制、大政翼賛会《たいせいよくさんかい》、日独伊三国同盟への転換としても現れ、日本を日米戦争に導くのである。

第6章　満洲事変とマスメディアの変貌

第二次若槻内閣の成立

一九三一年四月十三日、前年に狙撃された浜口雄幸首相の病状悪化のため、浜口内閣は総辞職する。翌四月十四日、第二次若槻礼次郎内閣が成立した。

長く『朝日新聞』の政治記者を務めた有竹修二は次のように書いている。

「若槻は弓を好んだ。弓には「満を引いて放たず」という格言がある。力一杯満月の如く張って引くと矢はあたらない、少しく緩め力に余裕を残して放てという。若槻はこの訓《おし》えを実際生活の上にも守った。人間はつねに、つきつめたところまで行ってはいけない。若槻はこのことを信条として、おのれの公私の行動を律した。この性向が彼の政治上の挙措進退にも、しばしば現われた」「要するに、若槻首相の政治家としての欠陥は自らの明哲保身、自分の進退の平仄《ひょうそく》を合せることにこれつとめ、国家の危急に際しては一身の成敗を度外視し身体を張るというところがなかったことであった」(有竹〔一九六七〕四七〜四八頁、五三〜五四頁)。

平時ならこの若槻の「余裕」ある態度こそむしろ望ましく、一流の宰相として立派に務まったであろう。しかし、第3章では第一次内閣のときに大衆デモクラシー状況・ポピュリズム傾向に無頓着なことを見たが、今度は日中関係が満洲事変という不幸な爆発点を迎えるのである。その際、この宰相の下にメディアと大衆はどう動くことになるのか、本章ではそれを見ていこう。

満蒙問題の緊張

いわゆる満蒙問題の起源は日露戦争後、関東州と満鉄(南満洲鉄道株式会社)線地帯が日本の権益になったことにある。保護のため関東軍が設置され、在住日本人は昭和初期に約二三万人となっていた。

ところが、北伐前後から中国国民党の排日運動が激化してくる。とくに王正廷《おうせいてい》国民政府外交部長の「革命外交」の推進は効果が大きかった。日本人商店への排撃活動、日本人児童の通学困難などが頻発した。関東州の日本人は引き揚げるか否かの岐路に立たされたのである。そのなかには母国に帰る目途のない人が多かった。こうして日本人保護を職務とする関東軍参謀の間に、実力行使論が擡頭していったのである。また、中ソ戦争も関東軍参謀を刺激したことは間違いないであろう。

中ソ戦争とは、張作霖を継いだ奉天派の張学良《ちょうがくりょう》とソ連との戦争である。中東鉄道（もともとロシアが建設した北満洲の鉄道）の管理権をめぐり両者は対立していたのだが、一九二九年五月、張学良はハルビンのソ連領事館でコミンテルンの秘密会合が開かれているのを察知し、領事館を捜索して、中東鉄道がソ連側に有利に運営されるようソ連人以外の排除と共産党員の補充を命じた工作文書を入手した。

一九二九年七月、国民政府は中東鉄道からソ連職員を追放。これに対し、ソ連は国境線に軍隊を集結させた。中国政府は各国にソ連の侵略の実態調査を求め、アメリカのスチムソン国務長官、日本の幣原喜重郎外相はソ連・中国に、不戦条約違反になることを警告した。中国はこれに応じたが、ソ連は軍事力に訴える。

ソ連は七月末から軍事行動を開始、九月から十月にかけて本格的な侵攻と交戦が行われた。この結果、ソ連軍が大勝し北満洲を制圧した。結局十二月にハバロフスク議定書が交わされ、満洲に攻め込んだソ連に有利な解決を見た。軍事行動による既成事実化が満洲における自己の勢力圏の確保・拡大に結びついており、また満洲におけるソ連の影響力の増大が日本にとって脅威となったという二重の意味で、関東軍の将校を刺激したと思われる事件である。

王正廷国民政府外交部長の、「国民政府の革命外交の最終的目標は日本の満蒙権益の最終的奪還」という発言が出たのが一九三一年四月。六月十九日には陸軍省・参謀本部で「満蒙問題解決方策の大綱」が策定されている。それは、外務当局との連携の下、排日運動の緩和に努め、内外世論の理解・支持を得て、排日運動がエスカレートしたときは軍事力を行使する、時期は「一年後」(資料によっては「両三年後」)とする、というものであった。そして、六月二十七日には中村大尉ほか一名が北満洲で殺されるという事件も生起している(八月十七日公表)が、この事件については後出の陸相訓示問題であらためて触れることにしよう。

軍制改革(軍縮)問題

一九三一年六月末ごろから陸軍軍制改革(軍縮)問題が起きるのだが、この問題を理解するには、大正期以来の軍縮と、軍縮下における軍人の立場をよく理解しておく必要があるだろう。

二次にわたる山梨軍縮(一九二二年八月、一九二三年四月、加藤友三郎《かとうともさぶろう》内閣の山梨半造陸相による)に引き続き、宇垣軍縮(一九二五年五月。加藤高明内閣の宇垣一成陸相による)で、二一個師団中四個師団が廃止され、陸軍幼年学校二校なども廃止。将校約一二〇〇名、准下士官以下約三万三〇〇〇が馘首《かくしゅ》された。山梨軍縮（将校約二二〇〇名、准下士官以下約六万名馘首）とあわせて、計約九万六四〇〇名（うち将校約三四〇〇名）が馘首されたのである。この馘首された将校約三四〇〇名の再就職が社会問題化するとともに、軍学校の志願者が激減するなど、軍人の社会的地位はこの時期大幅に低下していたのだった。

やや長くなるが、当時の状況を理解していない人が多いので、当時の活字媒体からこうした軍人の立場を見ておくことにしよう。

まず、陸軍三等軍医正寺師《てらし》義信《よしのぶ》の書いた「軍人の立場について」（『東京日日』一九二二年八月二十七日）である。

今や軍縮の声は陸海軍人を脅かし、彼らを「不安のドン底」に陥れているが、他方、軍人に対する国民の眼は近時憎悪から侮蔑へと大きく変わった。職を失って不安に襲われている軍人に対して国民多数は無関心であり、よい気味だといわんばかりの様子をしている。

「関西の或都市辺では、頑是ない小児がいう事をきかぬ場合、親がこれを叱るに、「今に軍人にしてやるぞ」と怒鳴り立てる。停車場辺で軍人が俥を呼べば、車夫は傲然《ごうぜん》として「戯談じゃない。あるいたらいいでしょう」と剣突を喰わす。軍隊が終日演習して、ヘトヘトに疲れて夕方或る町にたどりつけば、町の民家はいそいで戸をしめ、内から錠をおろす。或いは蒲団や夜具をひっ張り出して、にわか作りの病人を仕立てる。これらは皆、兵卒の宿営をことわる手段なのだ。殊に軍縮問題が八釜《やかま》しくなってから、軍人の影がいよいよ薄くなって、若い青年将校が結婚の約束をしていたのが、どしどし嫁の方から破談にしてくる。今や若い将校は結婚難にも苦しめられている。また以前は、兵隊といえばいかなる博徒でもおそれて手出しせなかったものだが、今は却て博徒の方から軍人に喧嘩《けんか》を売り、ひどい暴言を吐きかけ、なおあきたらずに神聖なる兵営まで推寄《おし》せるという奇態な状況を呈する時代となったのである……いずれにせよ、カーキ色の服は往来でも電車の中でも汽車の中でも、国民の癪《しゃく》の種となっている様である」

子供たちまでが、われわれの姿をみると愚弄する。「海軍軍人は上衣丈を役所に置いて、通勤の往復は背広か詰襟にし、役所で簡単に制服の上衣と取かえるものもあるとか聞いたが、成程夏は白、冬は黒の海軍服では、それも出来よう。然し陸軍のカーキ色と来ては、そんなまねも出来ず、いやが応でも往来や電車の中で国民の癪の種となりつつ小さくなっていねばならない」。

「軍人といえば、片っぱしから罵倒する様な風潮」は青少年に軍人忌避を教えるようなもので、徴兵忌避者は続出している。また、将校生徒の志願者は次第に減少しており、この勢いでいけば、軍隊はどうなるであろうか。

次に、陸軍歩兵少佐須藤重男の『国難来と新国防』〔一九二四年〕である。

「年々に夏〔夏の陸軍の定期人事異動〕来る度に思うかな／己がつなぎし首は如何にと／之れ現今に於ける壮年将校の大部分の心理状態である。佐官級にある是等壮年将校は一にも首、二にも首、今年の夏は首かと暇さえあれば停年名簿や官報を手にしてビクビクしつつ執務して居るものが多い。……以上述べたる多くの事実は常に青年将校の目撃する処であるから、青年将校自らが将来を稽《かんが》え或は軍人生活の不安を感じ、思想の動揺を来たすようになることは自然の道理である。／近来青年将校の思想の激変は実に著しきものがある」〔須藤〔一九二四〕一八五〜一八六頁。岡〔一九六九〕一九六〜一九九頁〕

このように、軍人たちは完全に追い込まれていたのである。こうしたなかで襲ってきたのが陸軍軍制改革という名の軍縮であり、行財政整理であった。行財政整理と陸軍の関係については、『朝日新聞』との対立を通してよくうかがい知ることのできる資料があるので、これもやや長くなるが引用しておこう。

「〔行財政整理座談会は〕民政党内閣の公約である行財政改革について、幅広く各界の意見を集約したもので、新聞界では初の座談会の試みであり、〔一九三一年〕五月一六日から、二二回にわたって〔『朝日』に〕連載された。……

各省の統廃合、陸海軍の軍制改革、財政整理などをテーマに活発な意見が戦わされた。特に、軍政〔制〕改革が議論の焦点になり、軍事予算削減や連隊区司令部や憲兵の廃止、軍部大臣の武官制の廃止、国防目標の再検討などの改革案が続出した。……

ところが、この座談会には、肝心の陸軍からは誰も招待していなかった。陸軍側は欠席裁判だと激怒し、『朝日』へ敵愾心《てきがいしん》を募らせた。座談会を司会した緒方竹虎編集局長が連載の初日に陸軍省の馬場で、乗馬の練習をしていると、陸軍省新聞班次席・樋口季一郎中佐が血相を変えて飛んできて、馬のクツワをつかみ、今にも殴りかからんばかりの剣幕で抗議した。

「けさの『朝日』はけしからん。欠席裁判じゃないか。どうして軍部の者を呼ばなかったのか。これは一体、朝日新聞の名にかかわるし、君の人格にもかかわるぞ」

緒方も負けずに、言い返して馬の上と下で口論になり、新聞班長が飛んできて、仲裁に入りやっとおさまった。当時、新聞の勢はまだ強く、腹にすえかねた緒方はその夜、陸軍大臣官邸へ抗議に行った。

「文句があるなら、陸軍大臣が出てきて矢面に立て。座談会の続きに出てきて話してもらおう」と要求した。応対した杉山元《すぎやまげん》次官に樋口の一件はすでに耳に入っており、「あれは、今日うんと叱っておいた。もう朝日新聞にはかれこれ言わん。大臣に会わずに帰ってくれ」と緒方にお願いした。

緒方は引き下がらず、「そいつは困る。また、座談会を再開して陸軍関係者がいないと、樋口のようなバカがたくさん来られたら困るから、一番の責任者である大臣に出てもらうことにしたい」と言うと、杉山は困惑した。「南《みなみ》〔次郎《じろう》〕さんは大臣になったばかりで予算も十分頭に入っていないから無理だ。樋口はうんと叱っておいたから」といったやりとりがあった」（後藤〔一九八七〕四二八頁。宮沢〔一九七〇〕六二四〜六二五頁。前坂〔二〇〇七〕五二〜五四頁）

当時いかに新聞の立場が強く、行財政整理を受けることになった陸軍が追い込まれていたかが如実にうかがわれる事態と言えよう。

当時はマスメディアのほうが強かったことを示す資料はいくつもある。「軍部の専断的軍革　悉《ことごと》く国民期待を裏切る」（『大阪朝日』社説、一九三一年六月三十日）、「軍閥と血戦の覚悟」（石橋湛山《いしばしたんざん》、『東洋経済新報』一九三一年七月四日号）といったタイトルの記事は多く、当時こうした軍部批判に人気があり、軍部が軍制改革に脅かされていたことがわかる。

こうしたなかで、七月十四日に金谷範三《かなやはんぞう》参謀総長が、七月十五日に南次郎陸相が、相次いで陸軍の立場を上奏したが、天皇は「聞き置く」だけであった。

陸相訓示問題

一九三一年七月二日、満洲で、当地に移住した朝鮮人が中国人から暴行を受けたとされる万宝山事件《まんぽうざん》が起き、七月四日には朝鮮各地で中国人襲撃事件が頻発し、満洲をめぐる日中関係はますます険悪化してきた。

八月四日、南次郎陸相は軍司令官・師団長会議で、軍備縮小批判と満蒙問題の積極的解決を訓示したのだが、これが軍の政治関与として問題化した。

南陸相は「門外無責任の位置にあるものが、ややもすれば軍部が国家の現況に盲目にして不当の要求を敢てするが如く観測し、妄りに軍備の縮小を鼓吹し、国家国軍に不利なる言論宣伝を敢てす」と言ったのだった。南陸相も杉山次官から、『朝日』の緒方編集局長が陸相官邸に抗議に来たことは聞いたであろうし、天皇に訴えても「聞き置く」だけ、メディアに「専断的」「軍閥と血戦」などと連日書かれて鬱憤《うっぷん》がたまっていたのであろう。しかし不用意な発言であった。

「現内閣は国民多数の支持するところだ。殊に軍備縮小の旗印が国民の支持するところであることは疑を容れることのできぬ事実である。軍部はこの国民の世論を無視して政府に楯つかんとしているように見うけられる。……今日の軍部はとかく世の平和を欲せざるごとく、自らことあれかしと望んでいるかのように疑われる。かくの如きはわが国の伝統にもとること甚だしい。軍部が政治や外交に嘴《くちばし》を容れ、これを動かさんとするはまるで征夷大将軍の勢力を今日において得んとするものではないか。危険これより甚だしきはない」（高原《たかはら》操《みさお》、

『大阪朝日』社説「軍部と政府」、八月八日）

「世上往々伝えらるる説がある。それは陸軍側では当面の行政整理なり、あるいは来年二月の国際軍縮会議なりに関聯して、軍縮に関する輿論の台頭をけん制するため、満蒙問題を殊更重大化せしめて、国民の注意を寧ろ軍拡の必要にまで引きつけんとする計画に帰する観察である。……軍制改革と国際軍縮会議とを談ずる師団長会議の席上で、陸相がかくも熱心に満蒙論を強調するのは、いわゆる語るに落つるものであって……陸軍のために深く惜まざるを得ない」（『東京朝日』社説、八月五日）

『東京朝日』社説にある「来年二月の国際軍縮会議」とは、ヴェルサイユ条約に基づく軍縮実現のため、国際連盟が軍縮委員会の本会議を一九三二年二月からジュネーヴで開催することを各国に呼びかけていたことを指す。

しかしこうした状況のなか、八月十七日に中村大尉事件が公表された。中村は現役の参謀本部の将校であり、護照（旅券）を示したのに北満洲で拘束された上、裁判もなく殺害、遺体は焼却後埋葬され、金品も奪われていたので、国内世論は沸騰した。事態は外交交渉に委ねられることになったが、中国側が事実関係をおおむね認めたのは九月十八日午後であり、この間、関東軍の将校らの間では、外交交渉では激しい排日の嵐は切り抜けられないとする強硬論がいっそう強くなるのである。

軍制改革による圧迫と満蒙問題の急迫という天秤《てんびん》の上に陸軍は乗っかっていたのだが、ぎりぎりのところで、はかりは後者に傾きつつあった。

なお、軍制改革問題は九月十一日の南陸相の再度上奏、一九三二年二月二日の三長官会議（陸軍三長官は陸軍大臣・参謀総長・教育総監）での一年延期の決定を経て、一九三三年には中止と決まる。言うまでもないことだが、満洲事変以後の対外関係の緊張により、軍はむしろ肥大化していくのである。

満洲事変の勃発

一九三一年九月十八日、奉天郊外で満鉄線爆破、関東軍の軍事行動が開始された。満洲事変の勃発である。関東軍は十九日に奉天を占領する。閣議で、幣原外相は出先軍部の策謀によるという報告をした。若槻首相は天皇に、事態の不拡大を軍に訓令したことなどを上奏している。

一方、九月二十一日に関東軍は吉林に出兵する。林銑十郎《はやしせんじゅうろう》朝鮮軍司令官は、朝鮮軍に満洲国境突破を命令した。元老西園寺公望は秘書の原田熊雄《はらだくまお》に、天皇はこれを許してはならない、「後に何等かの処置」をするようにと伝達した。原田はこれを、木戸幸一《きどこういち》内大臣秘書官長に伝達。木戸は牧野伸顕内大臣に伝達したが、牧野は何のアクションも起こさなかった。

九月二十二日、小磯国昭《こいそくにあき》軍務局長が若槻首相に、朝鮮軍の出兵は統帥権干犯ではないという見解について了解を求めたところ、若槻は「既に出動せる以上致し方なきにあらずや」という意見を洩らした。閣議でも越境した事実を認め、必要な経費支出を認めた。十月八日、関東軍飛行隊は錦州を爆撃した。

こうして事変を拡大していった関東軍の論理は、満洲が中国領であれば、その支配者は必ず中国中央政治にも支配者たらんとして臨み、介入していくことになる。満洲が独立国となれば、その統治者は中国から分離独立し、満洲の情勢は初めて安定化する、というものであった（片倉衷《かたくらただし》「満蒙自由国設立案大綱」『現代史資料』第七巻、二四八～二五六頁）。

これに対し、代表的な満洲事変批判者である石橋湛山の論理は以下のようなものであった。中国の統一国家建設運動を力で破壊しても、再び悪い形で運動が起きるだけではないか。力でたたきつぶすというのでは、旧ドイツ帝国の二の舞にならないか。満蒙を放棄すればわが国は亡ぶのか、人口増は領土を広げても解決しないし、鉄・石炭の原料供給基地の確保は平和貿易で目的を達成できるのだから、力ずくの必要はない。満蒙は生命線という主張は、英国が国防上対岸の大陸に領土が必要という主張に似ており、日本海で十分である（「満蒙問題解決の根本方針如何」『東洋経済新報』九月二十六日号、十月十日号。前坂〔二〇〇七〕八三～八四頁）。

さて、この経緯のなかで後々まで問題となったのは、政府が朝鮮軍の越境を認め、経費を支出することにした点であった。若槻首相は次のように弁明している。

「出兵しないうちならとにかく、出兵した後にその経費を出さなければ、兵は一日も存在できない、食うものもないことになる。それならこれを引き揚げるとすれば、一個師団ぐらいの兵力で、満州軍が非常な冒険をしているので、絶滅されるようなことになるかもしれん。だからいったん兵を出した以上、その経費を支出しないといえば、南〔陸相〕や金谷〔参謀総長〕が困るばかりでなく、日本の居留民たちまで、ひどい目に遭うに違いない」（若槻〔一九八三〕三三六頁）

この点に関しては、「現地では戦闘中であるから、派兵中止は事実上、戦場にいる兵士たちを危険に陥れることになりかねない」（古川〔二〇一一〕一四九頁）という見解もあり、判断の難しいところがある。しかし、事態落着後、昭和天皇による林朝鮮軍司令官の処分などが行われるべきであったことは間違いないであろう。牧野内大臣が西園寺からの忠告に耳を貸さなかった理由はわからないままである。

その後、橋本欣五郎《はしもときんごろう》ら陸軍桜会の幕僚グループによるクーデター未遂事件である十月事件が起き、政党人・若槻内閣をますます圧迫していく。

マスメディア（新聞）世論の大旋回

満洲事変後、マスメディア（新聞）世論は事変前と変わって大旋回することになる。ここでは典型的なものとして『朝日』と『毎日』（『東京日日』）を見ておくことにしたい。

①『朝日』

朝日新聞社は一九三二年一月二十五日に「東西朝日満州事変新聞展」を催しているが、ここに自社の満洲事変報道を誇らしげに掲げている。それによると、事変勃発以来、事変関係の「社説」は五四回。特電（海外からの特別電報）は普通月五〇〜一〇〇通であるものが、九月は三六〇通、十一月は五二五通など、結局年末までに計三七八五通（中国一六か所で六〇人の特派員が打電）であったという。号外は一九三一年九月十一日〜一九三二年一月十日の間に一三一回発行、連日・朝夕の日もあり、大部分は一ページ大。特派員の報告演説会は東日本だけで七〇回、約六〇万人。ニュース映画上映会は一五〇一か所、回数四〇〇二、観客約一〇〇〇万人という。

「社説」は事変の初期には以下のようなものが代表的である。

・「朝鮮より数千名の増援隊を派遣……これも条約上の規定守備の兵員補充」（『大阪朝

日』九月二十六日）
・「自衛権の行使」（『大阪朝日』九月二十九日）
・「満洲に独立国の生れ出ることについては歓迎こそすれ、反対すべき理由はない」（高原操、『大阪朝日』十月一日）

とくに十月一日の満洲独立国肯定論は「征夷大将軍」を持ち出して陸軍批判を行った高原操の手になるものであり、大旋回と呼ぶしかない急激な変化を知らしめるものであった。次は「慰問金」に関してであるが、以下が代表的なものである。

・十月十六日、第一面に大社告「満洲駐屯軍の労苦は容易ならず」。慰問金一万円、慰問袋二万個支出。さらに慰問金を一般公募し、当初締め切り十一月五日として三万円、十二月二十三日には三〇万円超
・十月二十四日、原田取締役ら訪満
・十月二十七日、本庄関東軍司令官、村山社長に感謝状
・十一月十五日、小冊子『満蒙の正しい知識』を配布（大阪朝日）。「全社の総機関を動員……邪悪と非道とを排撃……近代新聞紙上に描きつつある……その業績は……記録的な

もの」

最後に『朝日』を困らせた不買運動について触れておこう。満洲事変後、『朝日』に対する不買運動は奈良、神奈川県、香川県善通寺などで拡大、「三万、五万と減っていった」という。これに対して『大阪毎日』は拡張していった。下村海南《しもむらかいなん》副社長は「新聞経営の立場を考えてほしい」と発言し、十月中旬の重役会で「満洲事変支持」が決定した。このとき、高原操は、「現今急迫……論争する時機に非ず」と言ったという。

②『毎日』（『東京日日』）

『毎日』（一九一一年、『大阪毎日』が『東京日日』を買収。一九四三年には題字を『毎日新聞』に統一）と満洲事変に関しては「毎日新聞後援、関東軍主催、満洲事変」という言い方でその協力ぶりがよく知られていると言えよう。ここでは主な記事を列記するだけにしておこう。

・九月二十日、関東軍の行為に「満腔の謝意」
・九月二十三日、政府の不拡大方針に「日本は……被害者」と抗議
・九月二十五日、政府の国際連盟からの申し出拒否を「最も適当なる処置」と擁護

・九月二十七日、政府の慎重姿勢はなお弱腰として「大声疾呼して国民的大努力の発動を力説」
・十月一日、「強硬あるのみ」
・十月九日、政府の不拡大方針に対して「進退を決せよ」
・十月十五日、中国の言い分は「盗人たけだけしい」
・十月二十六日、「正義の国、日本」
・十月二十六日、「守れ満蒙＝帝国の生命線」

なお、こうした新聞の協力ぶりには、事変が一段落ついた翌年春、荒木貞夫《あらきさだお》陸相が感謝することになった。

「今次満洲事変……各新聞が満蒙の重大性を経《たて》とし、皇道の精神を緯《ぬき》とし、能く、国民的世論を内に統制し外に顕揚したることは、日露戦争以来、稀に見る壮観であってわが国の新聞、新聞人の芳勲偉功は特筆に値する」（『新聞及新聞記者』一九三二年三月号）

拡大する事変と内閣総辞職

満洲事変は秋が深まるにつれさらに拡大、関東軍は北満の要衝へと戦線を広げていった。

十一月四日、関東軍は嫩江《のんこう》戦で苦戦したが、第二師団主力を派遣、馬占山《ばせんざん》軍を破った。続いて十一月十九日にはチチハルを占領。

一方、十一月八日には天津で日中両軍が衝突。十一月十日、清朝最後の皇帝で天津の日本租界で保護されていた宣統帝溥儀《せんとうていふぎ》は天津を脱出し、大連へ向かった。

十一月二十八日にはスチムソン談話事件が起きる。幣原外相が米国のスチムソン国務長官に、南陸相と金谷参謀総長の意を受けて錦州攻撃の意図がないことを伝える際、「機密」に指定せずに伝えたため、スチムソンが記者会見で発表し、政府が「軍機漏洩・統帥権干犯」として攻撃された事件である。以後、南・金谷・幣原の政治的威信は急速に低下する。

こうした状況を打開するため、安達謙蔵内相は若槻首相に挙国一致の協力内閣（連立内閣）構想を進言し、一時は若槻も前向きであったが閣内での反対もあって翻意、安達に内相辞任を求めた。安達は辞任を拒否、閣内不一致となって内閣は総辞職することになる。

以下、ここまでの経緯のポイントをまとめておこう。

第一に、行財政整理を課題とした内閣なので軍制改革（軍縮）は急務であり、新聞世論とともにそれが陸軍を追い詰めた。しかし、満蒙問題も切迫してきたので、軍制改革による圧迫と満蒙問題の急迫という天秤状態のなか、結局後者のウェイトが大きくなり、対外事変が勃発し、前者は存在自体が忘れられていったのである。

第二に、陸軍のコントロール・処分の失敗という点も大きい。しかし、それらが尽くされていれば陸軍のコントロールに成功したと言い切れるか、という問題は残る。「暴発」の背後には、そもそも大正末期以来の軍縮期の軍人に対する待遇の失敗があったからである。最も反省すべきはむしろこの点であろう。

第三に、戦争と、マスメディアによるその大々的報道という最大の「劇場型政治」が展開され、世論は急速にその支持に傾いていった。政党人はほとんどそれを追認するばかりで、適切に対処できなかった。対外危機は大衆デモクラシー状況におけるポピュリストの最大の武器である。しかし、幣原外交が国民の不満を蓄積させていたことも事実である。戦争に至らぬ形で国民世論の支持を取り付けつつ、対外危機をどのように克服していけばよいのか。対外危機におけるポピュリズム型政治の克服という課題は今日に残されたままなのである。

第7章　五・一五事件裁判と社会の分極化

1　五・一五事件裁判

一年後に解禁された五・一五事件報道

普通、一九三三年の重要な出来事と言うと、以下のようになることが多い。一月、ヒトラー首相就任。二月、熱河《ねっか》作戦。三月、国際連盟脱退。五月、塘沽《タンクー》停戦協定、滝川《たきがわ》（幸辰《ゆきとき》）事件。六月、佐野学《さのまなぶ》・鍋山貞親《なべやまさだちか》、獄中で転向声明発表（大転向）。七月、神兵隊《しんぺいたい》事件。八月、東京音頭大流行。九月、財閥の転向。

しかし、国民の社会意識という点で言うと、最も重要な出来事は実は前年に発生した五・一五事件の裁判が開かれ、その報道が大々的に行われたことであった。以下、それを見ていくことにしよう。

五・一五事件についての記事が解禁されたのは一九三三年五月十七日であった。『大阪朝日』（五月十七日）は「一年振りに漸く大不祥事の真相明白　陸海軍人、愛郷塾生らが犬養〔殺〕首相暗殺、帝都擾乱　見よ、恐るべき暴挙　きょう記事差止め解除」という見出しでこれを伝えている。当然のことだが「恐るべき暴挙」として報道されたのである。

ただ、文中に「皇室中心主義の一種の無産運動　濁世への警鐘――被告人の心構　大不祥事の特異性」という小見出しで以下のような記事となっている。

まず、「我国現下における政党の腐敗堕落、特権階級及び財閥の横暴を叫んでこれを矯正せんがため」という彼らの現状批判に同調的な色彩を感じさせつつ、「如何なる方法によって政治を改善しようというような具体的の考えは彼等は持たなかった」として変革プログラムのないことに批判性を見せる。続いて「庶民階級殊に農民の救済解放をも叫ん」だ「一種の無産運動の現れ」なのだが、「左翼の解放運動と違って皇室中心主義を高唱している」ところに特色を求めている。当時の「進歩派」の事件に対する複雑な視点を感じさせる紙面である。

血盟団事件裁判の報道

さらに、五・一五事件と相即の関係にある血盟団《けつめいだん》事件（一九三二年二月、井上準之助前蔵相暗殺。三月、団琢磨《だんたくま》三井合名会社理事長暗殺）の公判が六月二十八日に開かれる。その報道は『大阪毎日』（六月二十九日）を見ると以下のようである。

見出しは「血盟団の大公判開く　大事決行の信念――〝胸深く宛《さなが》らの奔流〟　日召《にっしょう》厳かに答え満廷静粛」。

「井上日召を盟主とする同志十四名が昭和維新を目標に昨春総選挙の名士来生の時機を狙いまず井上元蔵相を倒しついで団琢磨男〔爵〕を暗殺し五・一五事件の前奏曲をかなでたいわゆる血盟団事件（罪名は殺人および殺人幇助《ほうじょ》）の第一回公判は二十八日東京地方裁判所陪審第二号法廷で……開かれた」

犯罪を実施することを決めた彼らの犯意の確認が「大事決行の信念」としてそのまま報道され、「日召厳かに答え満廷静粛」と、犯罪者の陳述を傍聴人が「静粛」に聞かされたとされるのである。そして、「五・一五事件の前奏曲をかなでた」として二つの事件が二篇構成の音楽にたとえられ、「同志十四名が昭和維新を目標に」と、報告者自身が被告らの言う「昭和維新」に同調的な姿勢が歴然と感じられる報道姿勢なのである。裁判の進行とともにそれは昂進《こうしん》していく。

なお、『東京朝日』は「首領日召平然と一切をぶちまく　暗殺は信念と化したと豪語」とやや抑制的な見出しとなっており、「傍聴者は……午前六時早くも定員六十二名に達し……

五・一五事件の先駆をなし同事件と共に国史に血塗られた幾ページかを盛る大事件」といった書きぶりである。

被告の主張を正当化

さて、五・一五事件の海軍側関係者の公判開始が七月二十四日である。以下のような報道となっている（『神戸新聞』一九三三年七月二十五日）。

「事実調べ開始され劈頭《へきとう》・古賀《こが》中尉起つ　微細に亘る判士長の訊問に一切を率直に陳述す級友からの贈物純白の制服姿　ズラリと並んだ十被告　哀愁感をそそる丸腰」という見出しである。本文には「被告は何《いず》れも今日の法廷に起つために級友から贈られた新調純白の制服を着用し白の短靴を履いてその面にはあの驚天動地の直接行動を敢てしたとも思われぬ、微笑さえ浮べているが肩章こそつけておれ佩剣《はいけん》と帽子をとられた丸腰姿は見る人の胸に如何にも哀愁の感をそそる」とある。

「劈頭・古賀中尉起つ」と、彼らの行為を勇敢な行為をしたかのような叙述を行い、「級友から贈られた新調純白の制服を着用し白の短靴を履いて」と「白」で純粋さを強調、あたかも「黒」＝「犯罪者」ではないといった形で描かれ、それが「級友から贈られた」ものだとして「友情」で裏打ちされるわけである。そして「一切を率直に陳述す」とし、またここでは引用しなかったが「問いに対し軍人らしいキビキビした調子で」として、「率直」や「キビキビ」感が強調されているのもこの報道の特色である。

陸軍側の士官候補生の公判は七月二十五日開始。『中外商業新報』（七月二十六日）は以下のように報道している。

五・一五事件の海軍側被告裁判
所蔵：読売新聞社.

見出しは「団体観、政治観より改造決意の動機まで後藤映範《ごとうえいはん》雄弁に語る」。本文は「現代の社会の腐敗堕落は現支配階級の腐敗によるものだ、彼等は皇道の発揚である政治の根本義を忘れ党略にふける選挙、議政壇上における醜態、瀆職《とくしょく》事件甚だしきは統率権干犯まで行った、これらにより日本の腐敗が招来されたのだ」と後藤の主張をそのまま掲載。そして、こうした彼らの主張が語られるに際して、「長文の公訴文朗読を開始すればカーキ服にサッパリと散髪をした被告一同直立不動のまま最後まで一語も聞き洩さじと耳を傾ける」「頗るハキハキした口調で述べ」「キッパリ陳述し」といった形で、『神戸新聞』と同じく彼らの挙動が〝折り目正しい快活感〟で必ず飾られている。

『東京朝日』（七月二十五日）も、傍聴券に「午前零時頃から……続々集まる」ということと、やはり「純白な軍服」だが「無帽無帯剣だ」と報道されているが、ここではそれに「塚本刑務所長の心尽しから特に許された新調の……軍服」という説明がわざわざ付されている（『東京朝日』七月二十六日夕刊）。

そして『東京朝日』では後藤映範の陳述が詳しい。後藤は、明治維新には「一、先覚者の覚せい　二、その先導　三、国民の覚せい」の三段階があったことを知り、「今は第一段階から第二段階に入らんとする時と信じここに昭和の桜田門義挙に思い当った」という。自らの行為を「明治維新」「桜田門義挙」（幕末に大老井伊直弼《いいなおすけ》が暗殺された桜田門外の変）に比したのである。また、「支配階級から禍根を除去すること」「全国民に対し晴天《ママ》のへきれきとして覚せいを促すこと」の二項目を「直接目的」としたと言っており、この裁判の報道自体が彼らの目的どおりであることが自ら語られたわけである。

また、「「武器は少ないから最後は肉弾で行ってくれ」と決心を聞かされた模様を逐一開陳した」、「〔犬養〕首相は……（ゆっくり話を聴こう）と我々をなだめたが三上《みかみ》がピストルを擬し、山岸《やまぎし》が（問答無用うてうて）と叫ぶや、首相は更に手を挙げ（うたないでも……）といいかけた瞬間髪を容れず右方から入って来た黒岩《くろいわ》予備少尉が一弾を発射、続いて三上も又一発、首相は右腹を押え横にくだけた、首相の顔面に血がにじむのを見、三上の引揚げの号令で屋外に出た」といった、臨場感あふれたノンフィクション・ドキュメンタリー小説さながらの描写であり、公判記事が耳目を引きつけるのに十分であったと思われる。

こうして、八月に入るころには彼ら被告人の主張する「元老・財閥・政党等特権階級」への批判がほとんどそのまま正当化される言説が展開されることになる。また、「小説的・物語的面白さ」はたえず追求されていく。

吉原候補生の八月三日の陳述についての『国民新聞』（八月四日）報道は以下のようである。

神童と呼ばれ陸士も首席で、「恩賜の光栄に浴する事に内定していた」が事件のために外され、父も校長を辞職。同志とは「二十二の生涯が今日で最後だ」と言い交わす死を誓った友情のうちに訣別《けつべつ》。西郷隆盛《さいごうたかもり》の「名もいらぬ、命もいらぬ」という言葉で「黄金万能主義」を批判。また、殺人の相手の犬養首相、護衛の巡査に私怨《しえん》はなく、「国家のために」「心から犬養氏等のために謝し」た。なお、「「おい、野村、二十二の生涯が今日で最後だ」と親友同志《ママ》が肩を叩き合って訣別」というあたりの叙述は、日中戦争の日本軍の「戦友もの」や日米戦争時の特攻隊などに対する書きぶりとそっくり同じである。

「三上中尉大いに園公〔西園寺公望〕を難ず　破邪顕正以て軍部を導け　海軍側の審理」と

いう見出しの記事（『大阪時事新報』八月五日）は次のようになっている。

「政党財閥特権階級軍閥等が悪いということも国民周知の事実だと考えて居った、……選挙はすべて買収選挙である、五当三落という言葉がある、五万円あれば当選三万円では落選の意味である。又三番ともいう。一番は鞄二番は地盤三番は看板の意である。……六十四議会における労働組合法案の運命を引例し資本家の圧迫により法案が骨抜にされたこと……など暴露し、更に政友会の三井民政党の三菱等の腐敗政党の地方自治破壊内閣更迭毎に繰返される地方長官更迭等幾多の事例を挙げて政党の罪悪を数え疑獄事件の続発をなげき／西園寺は維新の元勲であるが政民両党の二大政党の間にあってキャスチングボートを握り政党財閥の原因をなしているもの」

「五当三落」「三番」といったわかりやすい言葉で政党の選挙の腐敗が暴露され、「資本家の圧迫」「政友会の三井民政党の三菱」など財界の政党支配を攻撃、さらに「内閣更迭毎に繰返される地方長官更迭」など政党の地方支配を批判（詳しくは後述する）、西園寺元老まで「キャスチングボートを握り」と攻撃されており、当時の革新派の「支配体制」への攻撃内容がそのまま拡散されたのである。

減刑運動の登場

八月六日、『国民新聞』は「五・一五被告に感激　減刑運動・猛然起る　全国在郷軍人も起つ」という見出しの記事を報じた。減刑運動問題が語られはじめたのである。驚かされるのは、この記事は「全国在郷軍人も起つ」という見出しになっているが、本文では、在郷軍人に関しては「気運が濃厚」「起される模様」という推測が書かれているだけなのである。完全に期待だけから書かれた、大衆動員のための見出しなのである。

そして、公判が「全社会の視聴を一点に吸収」しており、「各方面に強大なショックを与えている」とする。新聞各社・陸海軍省などに毎日十余名くらい送られてくる投書・寄書には血書もあり、首相暗殺に悪意を持っていたが公判により被告の「心境は当然であると感じた」とするものが出てきている、という報道となっている。この報道自体が、そうした運動を唆《そそのか》し、支援するものであることは明白であろう。しかし、数字自体はまだ少ないと言わねばならない。

なお、この記事には、陸士（陸軍士官学校）四十四期生代表が「〔国民新聞〕本社」に寄せた「感謝状」が掲載されているが、内容は三百余名が「貴紙のご奮闘は我等同期生の感謝する所」「彼等の精神を継承して之を拡大し国家の革新の一途に邁進しつつあり」というものである。こうした軍人の政治的行為が問題にならなかったのが不思議である。

八月二十日の『信濃毎日新聞』は、「減刑運動は澎湃《ほうはい》として全国到るところに起り」と伝えているが、「犯罪に対する減刑運動は、法律の禁止するところなるに拘らず」、当局は「黙過する方針」と伝えている。

そして、開廷二か月が経った夏の終わりごろにはこうした煽動的報道が完全に功を奏し、もはや公判は、やや大げさに言えば誰が犯罪者かわからないような状況になってくる。そして、煽動的になればなるほど、そこには「義士」「忠臣」が現れ、「涙」や「すすり泣き」が支配する場となるのである。

以下は「傾聴の裁判長も双頬に溢れる涙　山田弁護士、火の如き熱弁　五・一五陸軍側弁論第三陣」との見出しで書かれた、『神戸又新《ゆうしん》日報』（八月二十三日）の記事である。

「山田弁護士　我国は由来国危殆《きたい》に瀕《ひん》する際は或は中大兄《なかのおおえ》皇子現われ、或は楠氏〔楠木正成《くすのきまさしげ》〕の忠節あり之れは国体の然らしめる所且つ又世界に冠絶する所以にして被告等の行為は又この一であると断じ……国家官吏を政党の奴僕となしている現状を縦横無尽にこきおろし政党政治否認論に及ぶ、更に進んではかかる政党の腐敗、堕落の根本は多数党による政権の把握に原因し多数党となるための金員のかき集め、延《ひ》いて財閥との結託こそ政党政治腐敗の根本原因であると喝破……

山田弁護士は赤穂《あこう》浪士の例を引き本件の行為と義挙について縷々《るる》陳述、更に犬養首相の壮烈なる最後ならびに首相を倒した被告などが敵を激賞せる心情を言々火の如き熱弁を以て述べ山岸中尉の法廷において口吟《くちずさ》んだ句（来ん春を待たで散りにし人柱　今日は何処で国をみまもる）を涙にむせびながら読み上げれば満廷にはすすり泣きの声さえ洩れ、西村裁判長双頬にあふれる涙も僅にこらえる、更に進んで坂本竜馬《さかもとりょうま》の最期を説き、烈々火を吐き流汗淋漓ぬぐおうともせず被告のため論じ……被告の行為は一命を投出してなしたるものでかくの如きはまねてなし得る行為ではない、形式論を斥け進んで天誅論に入り刑は天刑をもって貴しとなし天刑とは輿論であるとて澎湃たる全国的減刑運動に言及し、正午再び休憩に入る」

「赤穂浪士」「義挙」「犬養首相の壮烈なる最後」「坂本竜馬の最期」「天誅論」など、法治国とは思われぬ議論の展開だが、それが「涙にむせびながら」「満廷にはすすり泣きの声さえ洩れ」、「双頬にあふれる涙も僅にこらえる」に結びついていったのである（なお「天刑とは輿論である」というのは典型的な儒教的デモクラシー論である）。

ただ、ここには引用しなかったが、「一警察官の任免から小学校の教員の地位に至る迄政党によって左右され世人をして政党人にあらざれば何事もなし難きの感をいだかしむるにいたった」という被告弁護人による主張が、多くの聴衆を圧倒的にひきつけた事実も忘れられてはならないであろう。大正後期以来の、官僚優位を打破し政党の「政治優位」を確立するための施策が、実情としては「政党専横」と受け止められるものになっていたのである（詳しくは後述）。

続く、『神戸又新日報』（八月二十七日）の「李殿下も御傍聴（陸軍側公判特別弁護第一日）赤露の現状視よ餌狙う荒鷲だ　内外の情勢説いて無罪を力説　恩師・中村少佐起つ」は次のようである。

「大熊少佐の弁論に入る……被告の熱烈な愛国精神は在学中において養われたもの……当時の士官学校生徒隊長現警備参謀長大谷少将の言を引用すれば特別傍聴席の大谷参謀長は両眼からあふれ落ちる熱涙をハンカチで拭いもあえず熱弁に聞き入る、大熊少佐は更に被告らの大事決行後教官と同少佐に宛てた熱情あふるる手紙を朗読すれば大谷少将はただ黙々としてうなずきするのみ、幾度か読み上げられる被告らの手紙に満廷寂として声なく……最後の弁護人として細見少佐弁護に起つ先ず大事決行当日における弁護人の心境を述べたのち孝子としての被告等に及び早くして父を失い母一人姉一人の恵れざる家庭に育った被告中島につき桜田〔門外の変〕の烈士蓮田五郎〔蓮田一五郎《はすだいちごろう》〕の遺書を引例して西川より妹へ金清より弟への遺書を夫《それ》に引いて被告等の胸中を述べ冷徹なる被告後藤さえ「御国のため只今より首相官邸乱入致すべく候」との遺書を残して居るとて維新の遺書其他を引いて満廷の涙を注ぐ

　減刑嘆願四万突破

五・一五事件民間側被告に対する減刑嘆願運動益々熾烈《しれつ》を極め全国の津々浦々から団体の形式或は個人で上申書が続々東京地方裁判所に舞込んで居るが既に二十六日現在では四方《ママ》を

突破して係員はその整理に忙殺されている」

「両眼からあふれ落ちる熱涙をハンカチで拭いもあえず」という「涙」と、「熱弁に聞き入る」「熱情あふるる手紙を朗読すれば」という「熱血」を組み合わせ、そこに、「孝子として……恵れざる家庭に育った被告中島」と「桜田の烈士蓮田五郎」とを、同じ志士の肉親愛として結びつけてたたみかけるというレトリックである。それらは、江戸以来の講談、明治以来の浪曲、そして何よりも新しく擡頭した大衆文学・時代劇映画など、当時の日本人の大衆文化における最も人気のあるアイテムなのであった。

さて、『東京日日』（九月九日）には徳富蘇峰が登場し、「人譴《じんけん》」論を説くことになる。

「曾《かつ》て故渋沢《しぶさわ》〔栄一《えいいち》〕翁は、大正十二年九月一日の大震災を、天譴と称して、我が国民を戒めた。此の意味からすれば、五、一五事件も、亦《ま》た一種の人譴にして、我が国民は、大いに猛省す可き理由が存在する。……元来五、一五事件の一味は、何れも身命を擲《なげう》って、所信に殉ぜんと期したるの士。彼等は死だも避けず、況《いわ》んや法の審判をや。然《しか》も若し彼等の所信にして省みられずんば、彼等は死するも瞑《めい》せじ。されば若し我が国民にして、真に彼等の心事を諒《りょう》とせば、何は兎もあれ、先ず第一に彼等の所信を、社会に実行せしむることを先務とせねばならぬ」

首相暗殺犯と言っても「身命を擲って、所信に殉ぜんと期したるの士」であり、言うことを聞かなければ「死するも瞑せじ」。彼らを理解するのなら、彼らの「所信を、社会に実行せし」めよ、というのである。

およそ法治国家の論理ではないが、関東大震災における渋沢栄一の「天譴論」が想起され、そこから「人譴」が説かれていることは注目されるべきであろう。筆者は、関東大震災からこの時期までを一つづきのものとして理解すべきことを提唱したが（筒井〔二〇一一〕）、ここにその意識が明瞭に見られるからである。

九月八日には、「減刑嘆願運動益々熾烈を極め」ていて、犬養の選挙区岡山で「真摯《しんし》なる減刑嘆願書が提出され世間の感激と注目を集めている」という報道が行われている。そして、「特に注目されるのは血書嘆願の署名者四十名の悉くが岡山県上流階級のインテリであること」として、セメント瓦会社重役や医学博士などの名前が並んでいる。「インテリ」の「血書嘆願」まで生んだということで、ここでは意外性と高級感が担保されたわけである（『名古屋新聞』九月八日夕刊）。

やや後になるが、減刑嘆願書に関して、被告側弁護人を務めた清瀬一郎の弁論は次のようであった。

「明治維新の口火を切った吉田松陰《よしだしょういん》は神に祀《まつ》られ桜田門の水戸烈士も贈位されている、人間には予感というものがある、減刑嘆願書の声は国民の予感であるから裁判長もまた感ぜら

れるであろう／と理路整然と論じ」（『大阪毎日』九月二十日）

要するに、事件は明治維新に喩《たと》えられ、被告は「吉田松陰」や「桜田門の水戸烈士」であり、「神に祀られ」たり「贈位され」る存在であり、「減刑嘆願書」がそうした「予感」を告げるというのである。

論告求刑をめぐって

論告求刑の日となる。

「全国民の視聴をあつめた海軍側五・一五事件の十被告に対する論告求刑を行う第二十回公判は十一日午前九時横須賀鎮守府軍法会議法廷で開廷された、残暑厳しい中にも自ら初秋の気漂い被告らの心境にも似た静かな日和である……やがて開廷を宣するや塚崎弁護人は既報逗子の中学生から送って来た麻のハンカチに／血書した減刑嘆願書をはじめ朝鮮同胞四十七名から特に寄せて来た連署の嘆願書、さては貧者の一少女から涙なしには読まれない嘆願書に金一円を添えて送って来た事実を披露すると山岸中尉は感極まって泣き出してしまい塚崎弁護士も判士連も目頭をうるませた」（『大阪毎日』九月十二日）

被告の心境が季節感に喩えられて「初秋の気漂い被告らの心境にも似た静かな日和である」と忖度《そんたく》され、被告が「感極まって泣き出してしまい」はともかく、「判士連も目頭をうるませた」と、裁判の公正さは介意されないわけである。

また、林弁護人は「私は二十二歳の女の生活を清算して黒髪を断って男として立上ります。被告の方を犬死させせてはならない。と、……片手に緑の黒髪をささげ、片手に血の嘆願書をくりひろげて読みあげ遂におろおろと泣き出す、裁判官も傍聴人も共に泣かされた」（冨岡〔一九三三〕三一九頁）という。

ただ、山本孝治《やまもとこうじ》検察官の論告求刑内容は違法性の指摘を主としていた。ロンドン海軍軍縮条約の際の統帥権干犯問題についての認識不足を指摘、井上日召らの思想の問題性も批判、「軍人訓戒」（軍人勅諭に先立ち、一八七八年に出されたもの。軍人の政治不関与と忠誠を説いた）などを引いて軍人の政治関与を戒め、三上卓ら三名に死刑を求刑するなどしたのである。本裁判における例外的なシーンであった。「憂国の純情」は認めつつであったが。

しかし、同じ新聞の「山本検察官の論告　一大教育的文章」という見出しの文章は次のように続く。

「検察官のいう如く、各被告の動機に至っては、憂国の純情そのものであって、日本国民にして何人か、かりにもこれを憎むものがあろうか。従って動機のみよりいえば、却ってこれを表彰こそすべきで、罰するはずはないのである。しかしながら、国家には国憲あり、国法がある。しかして国家の秩序を維持せんとすれば、国憲と国法の擁護厳守は絶対にして、また不可避の条件である。ゆえに国憲国法を擁護するためには、情誼《じょうぎ》を滅することもやむを得ないのである」

「国憲と国法の擁護」で収めてはいるが、まず「憂国の純情そのもの」のほうが取りあげられ「これを憎むものがあろうか」「却ってこれを表彰こそすべきで、罰するはずはないのである」とまでされるのである。もはや報道機関の文章とは思われないが、それほど記者自身が興奮し感激していたということであろう。なお、この山本検察官の論告が大きな反響を引き起こすことについては後述する。

八月二十九日の第一九回公判で「五・一五事件が全国民に非常な影響を与えているのに反し政党の地方遊説など薩張《さっぱ》り顧みられない」（富岡〔一九三三〕三一九頁）と指摘した塚崎弁護士についての報道は多い。海軍側第二一回公判では、塚崎弁護士が検察官に反駁《はんばく》。当時、死刑は鋸《のこぎり》引《び》きだから四十七士の切腹は執行猶予にあたる、大津事件（一八九一年、来日したロシア皇太子の暗殺未遂事件）は国民の世論をいれて死を減じたのだとし、死刑廃止を訴えた十八世紀イタリアの法学者ベッカリアを出して、死刑廃止は世界の大勢としている。そして、事件の発生原因の一は藩閥没落後擡頭した政党の腐敗堕落、二は「貪欲飽くなき財閥」、三は「特権階級の不正と横暴」とし、これに草刈少佐が自決したロンドン条約の統帥権干犯問題があり、自分の帷幄上奏問題の証拠提出を検察官が反対したのは「闇討ちで武士道に反する」と論じている（『読売』九月十三日夕刊）。

「海軍側・第二十二回公判　国を想うの挙　動機に於ては無罪　発熱＝氷嚢を額に当てて塚崎弁護士の弁論」という見出しの『大阪時事新報』（九月十四日）記事は次のようになっている。

「〔大津事件では〕当時の政府が犯人津田三蔵《つださんぞう》を死刑にせんとしたに拘らず大審院長児島維謙〔児島惟謙《こじまいけん》〕氏が敢然として無刑徒刑に処した……政党の腐敗に就ては、民政党の斎藤隆夫君が自ら選挙が公平ならざる事を歎じて居る事に鑑みても明瞭である……と論じ」た。

さらに、九月十三日の海軍側公判には特別弁護人朝田大尉が弁護席に立ち、山本検察官の論告に対し、海軍兵学校三五期から五八期までの一七期の代表六八人が連合クラス会を開き、論告の償還を訴え「絶叫した」と『東京日日』が伝えている。「検察官は顔面蒼白」、朝田大尉は「血涙の叫びを以て訴え」「満廷を泣かしめ」「閉廷した」とされる（『東京日日』九月十四日）。普通の意味の裁判ではなくなった印象すら受けるが、山本検察官の論告に対する反駁は連鎖する。

九月十六日には、「論告に悲憤の遺書し　青年将校自殺を企つ　「加賀」乗組の福田少尉割腹」の記事が出た（『都新聞』）。

「〔論告求刑が〕被告の真精神を全然没却したものとして海軍青年将校に異常の雰囲気が漂っ

ているが……遂に一青年将校が悲憤慷慨の余り敢然憤死すべく遺書して短剣を以て自殺を企てた事件が勃発し、当局は之を絶対秘密にしている。……己が魂とする短剣を以て左腹部を刺したが死に切れず、更に咽喉を突刺し深さ気管に達する深傷に全身鮮血にまみれ無残にも昏倒していた。……被告と生死を共にすべく憤死せんとした。……論告反駁運動に一段と拍車を加え異常の興奮を捲き起しており」

自決未遂の凄惨《せいさん》な状況描写がなされ、容易に厳しい判決など出しにくい状況が作り出されていったのである。

判　決

一九三三年九月十九日、陸軍側被告への判決が出された。最も重罪で禁固四年であった。『神戸新聞』（九月二十日）は次のように報じている。「後藤以下全被告に禁錮四年（求刑八年）言渡さる　各未決拘留百五十日を通算　西村裁判長厳に断罪」の見出しの下、「昭和維新樹立を目指し国家の捨石を以て自ら任じた五・一五事件陸軍側被告元士官候補生後藤映範（二〇）等十一名に対する判決言渡しは海軍側の論告に対する囂々《ごうごう》たる論難や全国的減刑嘆願の嵐の中に……海軍及び民間側に魁けて行われた」。「五・一五事件陸軍側被告」が「昭和維新樹立」や「国家の捨石を以て自ら任じた」ことを、もはや既定の事実のようにして報道したのである。

『東京朝日』（九月二十日）も「七たび八たび生れ更って報国尽忠の誠を致すのが、その志であることが明白であるだけに」「世人……その悲壮な国士的精神、犠牲的精神の純真さに感動を禁じ得ない」と書いている。『大阪朝日』（五月十七日）ではあるが、「如何なる方法によって政治を改善しようというような具体的の考えは彼等は持たなかった」として変革プログラムのないことを批判的に報じていた『朝日』も「その悲壮な国士的精神」に「感動を禁じ得ない」となったのである。

なお、「一種の国民運動」（『国民新聞』九月二十一日）となった減刑運動について、請願令に違反しないという大審院判例が九月四日に出て、民間側の弁護団が「憲法上の権利」という声明を出すという事態も起こっている。民間側の減刑嘆願書も二十六日、五万を突破と報道された（『国民新聞』九月二十六日）。

海軍側は十一月九日、判決が出された。死刑を求刑された三上卓ら三名を懲役一五年、一三年とするなど、異例の軽い判決であった。

『時事新報』（十一月十日）は「法を破る其罪は大　愛国の至情は諒とす　三六年への危機憂慮が爆発　情理備わる判決理由」という見出しで伝えている。内容は被告らの主張そのままであった。

「被告人等は我国現下の情勢を目し国民精神頽廃し建国の本義日に疎んぜられ所謂支配階級たる政党財閥、特権階級は腐敗堕落して国家観念に乏しく相結託して私利私慾に趨《はし》り……農村の疲弊思想の悪化を招く等事態憂慮に堪えざるものある……帝国は千九百三十六年の交に於て未曾有の難局に逢着すべく……合法的手段を以てしては到底焦眉の急に応ずるの遑《いとま》なきものと認め遂に一切を超越して直接行動に訴うるの已《や》むなきを決意し自ら国家革新の為の捨石となりて先ず此等支配階級に一撃を加え其の反省を促すと共に一般国民を覚醒奮起せしめ以て国家革新の機運を醸成せんことを期するに至れり」

そして、十一月九日の『東京朝日』号外はこれまでの集大成的内容であった。

山本検察官の九月十一日求刑論告が「青年将校憤激の的となり」、クラス会代表者聯合協議会などが開かれ、ロンドン海軍軍縮条約統帥権干犯問題につき特別弁護人朝田大尉が若槻礼次郎民政党総裁に会見するなどのことがあった。したがって判決は青年将校に「如何なる反響を与えるかはもっとも重大視されていたが」、ロンドン海軍軍縮条約統帥権干犯問題については一切言及せず直に法の適用論に入り、国法を犯したことはよろしくないとしながら「愛国の至情を諒とする」ものであった、と。

青年将校をなだめすかすための判決とも見られかねない内容であったとも言えよう。

民間側については翌一九三四年二月三日に判決が出された。この裁判はほぼ求刑どおりに刑が宣告され、愛郷塾主宰の橘孝三郎《たちばなこうざぶろう》が無期懲役などであった（大川周明《おおかわしゅうめい》ら三人は控訴・上告し、一九三五年十月二十四日に原審破棄となる。また血盟団事件は一九三四年十一月二十二日判決、井上日召ら三名が無期懲役などで、減刑嘆願書は三〇万と報道されている。『朝日』十一月二十一日）。

『朝日』二月三日号外は当然のことながら「帝都暗黒化を計る」が見出しとして強調されている。「傍聴に来た〔二代市川〕猿之助丈《いちかわえんのすけ》」の写真が掲載されるなど、関心がうかがえるところでもあるが、民間側が重かったことについては、三日の衆議院予算総会で中井一夫《なかいかずお》（政友会）が、軍人側には執行猶予さえあるのに民間側には一人もいない、「判決にかくの如き差異があるのを見て国民は果して何と考えるか」（『朝日』二月四日）と質問しており、疑問とする向きが多かったことがわかる。

なお、減刑運動については以下のような事例が知られている。

「公判開始以来、十一名の被告のため、約七万人からの減刑歎願書が、法廷に提出された。中には全文、血書したのや、あるいは血判したのもあった。同情感が白熱化して、新潟県から九人の青年が各自、小指を根元から切断して歎願書に添付して送って来た。陸軍省では、その熱情に感激して、これをアルコール漬にして保存することにしたが、この小指の瓶詰が法廷に持ち出された時、判士も、検察官も、被告も、弁護人も、はたまた、傍聴人までも泣かないものはなかった。結審後も、滋賀県の某学校教授の小指が届いたそうだ。結局、陸軍五・一五事件の若き被告十一人のため、減刑歎願の熱意の表現として、十本の血染めの小指が軍法会議の法廷へ齎《もたら》されたのである。これ以外、歎願書は、判決言渡期日までには十万人を突破するだろうと称せられ、官憲の陰性的弾圧あるにかかわらず、五・一五事件の減刑運動は澎湃として一箇の国民運動にまで発展した」（角岡〔一九三三〕）

検察官の匂坂春平《さきさかしゅんぺい》はわざわざ『東京日日』に送ってきた以下の投書を保存しておいたという。

「妾は日給八十銭の女工の身で御座いますが、この間中までは、犬養総理大臣を暗殺した軍人方に対して妾共は非常に反感を有つておりましたが、今回新聞やラジオのニュースで暗殺せねばならなかった事情とか、皆さんの社会に対する立派な御考、更に皇室に対するお気持ちをお伺ひしまして、私共の今迄考へて居つた事がまことに恥かしく感じられ……涙ぐましくなりました。殊に東北地方の凶作地への御（心）遣りなぞは、妾の如き凶作地出身の不幸な女にどんなにか嬉しく感じた事でせう。……国家の将来の発展のために、私共プロ階級同胞のために身命を御賭し下さいました麗しい御精神には、ほんとに泣かされるのでございました」（原ほか〔一九八九〕一九頁）

「大転向」の折から左翼的意識が「プロ階級」という言葉を使うナショナルな社会主義的方

向に旋回していったことがよくうかがえるのである。

『満洲日報』（十二月二十一日）には次の記事が出た。

「非常時日本の全神経を掻き集めた五・一五事件を題材にして抜け目のない蓄音機会社が早くも昭和維新行進曲を吹込み大々的にレコードを売出した。歌詞と文句がピッタリ非常時日本の人心に投じたものと見え、忽ち流行歌の寵児と成り大阪、東京の大都市を中心に街頭に、花柳界に物凄い勢いで歌われ出した。大連には漸く昨今尖端客や芸妓によって流行の萌《きざ》しを呈しているが、大連署高等係では右流行歌詞が犯罪人を賞揚するような不穏の字句を列ねているのを発見し協議の結果断然右レコードの発売を禁止し、同時に歌い手に対しても厳重取締ることに決定し師走のレコード界にセンセイションを与えている。問題となった「昭和維新行進曲」の歌詞は

一、踊り踊るなら五・一五の踊り　踊りゃ日本の夜が明ける

二、花は桜木男は〇〇〔三上?〕昭和維新の人柱

三、男惚れする〇〇〇〔黒岩少尉?〕の〔削除?〕問答無用の心意気

というのであって発売元は大阪アサヒ蓄音機会社〔商会〕、歌手は独唱家黒田進氏、吹込みレコード番号「二八三号」で、大々的に売出したものである。同署は直に市内蓄音機店に対し右レコードの発売禁止方を厳立し、同時に既にレコードを購入したものも徹底的に取調

べている」

歌詞は「五・一五音頭」の誤りであるが、いずれにしても、この事件はその公判を通して徹底して大衆文化とそのレトリックが使われ、最後はレコードまでが出て、大衆の心をつかんでいったのである。究極のポピュリズムは政治と大衆文化の融合に必ずや至るであろう。

ポピュリズムの背景

ここで五・一五事件裁判のポイントをまとめておこう。

第一に、普通選挙決定（一九二五年）、実施（一九二八年）によりポピュリズム化が開始されたのだが、このころになると、政党の勝利で官僚に対する「政治優位」が確立したことが「政党専横」と見られ、批判の対象となっていたことがわかる。そして、それが官僚的なもの（軍人）の復権志向となり、それとマスメディアとの結合傾向が見られはじめたのである。

第二に、そのように大正後期以来の軍縮時代の軍人抑圧に対する不満・怨恨が爆発しているが、直接的にはロンドン海軍軍縮条約問題における「政党優位」とその期限切れの「一九三六年危機」の切迫が軍人の復権につながっていることがわかる。

第三に、大正後期以来の左翼による現在の支配体制への批判（不平等批判）は、この時期までに十分浸透したのだが、その左翼がソ連の支援を受ける外来性のものであることへの反撥から、ナショナリズム志向が増大し生じた「大転向」の状況下に、ナショナルな青年将校らの運動とそれへの同調的報道が適合し肥大化していったわけである。こうして平等主義的「革新」志向は継続しつつその「天皇型」強化がなされたのである。

その場合、講談、浪曲などのヒーローがしきりにモデルとして駆使され、レコードまで発売されたが、その背景には大正後期以来の大衆小説・時代劇映画の普及、とくに幕末維新ものの擡頭があったことを忘れてはならない。詳しくは拙著『時代劇映画の思想』を参照していただきたいが、幕末維新ものは明治維新六十周年（一九二八年）前後以降の継続的な盛行が存在していたのである。「明治維新」という巨大な「革新」が国家の大衆的支持への正統性原理として組み入れられている限り、「革新的」ポピュリズムを否定できないのが近代日本の「正統的体制」であったとも言えよう。

2　政党と官僚

内務省と選挙

前節で扱った官僚と政党との関係、具体的には官僚の政党化という問題は重要なので、ここで検討しておきたい。この政党による官僚支配の問題は当時「党弊」と言われ、ある意味では時代の趨勢《すうせい》をはかる最も大きな問題だったのである。

この問題において最も重要であったのは、内務省と選挙の関係であった。

第4章で述べた一九二八年一月の議会冒頭解散の一〇日ほど前に、田中義一内閣の鈴木喜三郎内相が知事・警察署長など地方官の大更迭を実施し、これが第一回普通選挙における政府の選挙干渉を激化させたと見られる。一九三〇年の第二回普通選挙の際は、浜口雄幸民政党内閣の安達謙蔵内相により、今度は解散前に二県以外のすべての警察トップを更迭し、全国警察署長一二〇〇名中の約半数を異動させ、政府与党に有利な選挙にさせたと見られている。

内務省を掌握すると選挙に勝つことができるということで、内務官僚の政党による掌握が極端に進んでいったのである。この反省から、五・一五事件で犬養首相が暗殺され、政党内閣が倒れた後の斎藤実《さいとうまこと》挙国一致内閣（一九三二年五月〜一九三四年七月）では、警視総監、内務省警保局長、衆参両院書記官長などは試験任用にするということで、官吏の身分保障が強化されることになったのであった。

しかし、事態はそれほど簡単に治まるものではなかったようだ。この点あまり知られていないようなので、村田五郎という内務官僚が一九三五年に大分県の警察部長になって体験したすさまじい実態を紹介しておこう（村田〔二〇一一〕一六五～一九一頁）。

二大政党に分極化した地域社会

村田が警察部長として赴任してみると、大分県には警察の駐在所が政友会系・民政党系と二つあった。政権が変わるたびに片方を閉じ、もう片方を開けて使用するという。結婚、医者、旅館、料亭なども政友会系・民政党系と二つに分かれていた。例えば、遠くても自党に近い医者に行くのである。結婚などは私行上のことなのでともかくとしても、土木工事・道路などの公共事業も知事が政友会系・民政党系と変わるたびにそれぞれ二つ行われていた。消防も系列化されていた。反対党の家の消火活動はしないというのである。

それぞれの党の県本部の下に各市町村ごとに下部組織ができあがっていて、常に党員の獲得と離党阻止に異常な努力が払われていた。しかも各支部の幹部は、日ごろから各党員の私生活にまで立ち入って、何くれとなく世話を焼いていたので、党員の団結は非常に強固で、隅々まで連絡網が張りめぐらされていた。

このような強力な組織をもって、双方の政党は、野党時代には政権党の内閣の知事の下での県職員の行動を厳重に監視し、いったん政変により政権党になると、そのたびごとに反対党の知事はじめ職員を一斉に退職させた。

当時、大分県の警察には、実際の県警本部長の村田以外に（職務上は別府警察署長などになっている）政友会系・民政党系それぞれの「本部長」がおり、「本部長」が三人いる状態であった。各警察官は自派の「本部長」の意向を確かめてから動くのである。

村田は警察官の公平・中立化を目指した人事異動を行おうとしたが、政党からの妨害は激しかった。しかし実現していき、警察と暴力団の癒着も摘発、是正し、県民から感謝された。折から開かれた全国警察部長会議で、内務省警保局長は「天皇陛下の警察官」という言葉を使って、政党に従属する警官ではなく、天皇陛下の政府に仕える警察官であるから、今後は真に政府の警察という本来の姿に立ち戻って出直すべきだということを強調した。過去、政党に使われ嫌な思いをしてきた全国の警察官の士気は大いに上がったという――。

もちろんこれは政争が非常に激しい県の例なので、すべての地方がこのようであったというわけではないが、一九二九年から三二年にかけての和歌山県の例などを挙げて、ほぼ同じような様子であったことが升味準之輔の研究によって明らかにされている（升味〔一九六五～八〇〕第五巻、三〇九～三三六頁）から、この大分県の例はまったく極端な例外というわけではない。

この村田の例が興味深いのは、政党政治の最盛期は地域社会が二大政党に分極化していて、それぞれ警察まで使って自党の浸透をはかっていた、したがって普通の市民にとっては、政党政治が終わって「天皇陛下の警察官」という形で警察が中立的で公平な態度を取ることが非常に歓迎されていた、ということである。

言い換えるならば、政党政治の時代には日本社会は分極化しており、政党政治が終わり「天皇」を中心にして「警察」(さらに広く言えば「官僚」「軍隊」)のような中立的と見られた勢力によって社会が統合されることが、地域や国民の側から望まれるような構造が存在していたということである。政党内閣から非政党・中間内閣への変貌が、嫌がる国民に上から無理やり押しつけられたのではない形で、むしろ望まれていた面のあることが、社会的背景を通して理解されるのである。

こうした視点から見ると、「党利党略」に憂き身をやつす(と見られた)政党政治への「嫌悪感」が、「中立的」と考えられたものの擡頭を必然化したのだとも結論づけることができよう。言い換えると、この時期ポピュリズムの方向はこうして政党から「中立的」「無党派的」なもの(天皇・官僚・警察・軍部など)に向かったということである。

第8章　国際連盟脱退と世論
――ポピュリスト松岡洋右

1　内田康哉外相と松岡洋右全権

内田康哉とは誰か

一九三三年の国際連盟脱退の経緯を考察するにあたっては、内田康哉外相（斎藤実内閣）と、松岡洋右《まつおかようすけ》全権について検討しておかなければならない。

まず外相内田康哉である。年表風にまとめると以下のようになる。

内田康哉は、一八六五年熊本県八代《やつしろ》郡に生まれた。一八八七年東京帝国大学法科大学卒業、同年外務省入省。ワシントン勤務となり陸奥宗光《むつむねみつ》公使に認められ栄進。帰国後、農商務官僚を経て、一八九二年陸奥外務大臣の下で外務書記官。ロンドン公使館二等書記官などを経て、外務省総務長官。義和団事件問題解決・日英同盟促進に活躍。一九〇一年清国公使、満洲に関する日清協約成立に尽力。アメリカ大使などを経て一九一一年外務大臣（第二次西園寺公望内閣）。ロシア大使を経て一九一八年、再度外務大臣（原敬内閣、高橋是清内閣、加藤友三郎内閣）。ヴェルサイユ講和会議に対処し、ワシントン条約締結に尽力。伯爵、枢密顧問官となり、一九二八年パリ不戦条約全権。一九三〇年貴族院議員。一九三一年満鉄総裁。

外務大臣在任七年五か月は最長であり、明治・大正・昭和三代にわたり外務大臣を務めたのは内田ただ一人である。ヴェルサイユ講和会議、ワシントン条約に尽力したのだから、元老西園寺らに高く評価されていたのは間違いない。「日本一の外交家」「外交は内田に限る」とは西園寺の評で、松田源治衆議院副議長が内田に伝えた言葉である（一九二三年十二月十四日。「大正十二年内田康哉日記」『軍事史学』一八九号、二〇一二年、一二七頁）。

そして今回の外相就任の経緯は次のようなものであった。一九三二年五月二十五日、斎藤実首相が有田八郎《ありたはちろう》外務次官を通じて内田に就任をまず要請し、有田も省内一致の意見として要請する。当時、満鉄総裁を務めていた内田は聴覚の衰えなどを理由に辞退したが、再度の要請で六月八日、満鉄本社のある大連を出発して帰国する。

六月十一日、神戸で小磯国昭陸軍次官から「満鉄総裁留任を切望。外相就任の場合は後任総裁を陸相に相談を」という書簡をもらっている。内田は陸軍と密接な関係をもっていたのだ。

六月十二日には東京で斎藤首相と会見、内田は猶予を求めたが夜に首相は再度訪問、熱意を示した。

六月十三、十四日と荒木貞夫陸相らと会談。荒木は外相には内田しかいないと主張し、内田は結局了解、首相に会って内諾を与えた。最終的に陸軍の意向で引き受けたことがわかる。元老西園寺も「大いに喜び……一日も早く外相に就任することを勧めた」という。こうして七月六日、外相に就任した（内田康哉伝記編纂委員会ほか〔一九六九〕三四二〜三五〇頁）。

満鉄総裁以来、陸軍との近接性が高くなっており、陸軍から期待されつつ、他方これまでの外相期の治績から来る、西園寺ら宮中の国際協調主義者からの期待も受けているという二重性のなかで外相に就任したのである。そして以上の説明からわかるように、比重は大きく陸軍のほうに傾いていたのだった。

こうして行われたのが「焦土」演説であった。

「焦土」演説の波紋

すでに第6章で述べたように、この前年の一九三一年九月十八日に起きた満洲事変は拡大し、一九三二年三月一日に満洲国の建国が宣言された。六月十四日には衆議院で満洲国承認決議案が全会一致で可決されている。内田が外相に就任したのはこうした状況下であった。

八月二十五日、衆議院で、前年の九月十八日事件は正当防衛の行動であって自衛権を認めた不戦条約に違反していないし、満洲国は同地域の住民の中国からの分離独立運動なのでその承認は九か国条約に違反するものではない、とする外交演説を内田外相は行った。そして森恪（政友会）の質問に対して「国を焦土にしても此主張〔満洲国の承認〕を徹すことに於ては、一歩も譲らないと云う決心を持って居る」と答弁したのである。

八月二十九日、羅文幹《らぶんかん》国民政府外交部長は内田演説への批判声明を発表。日本陸軍が撤退すれば満洲国は崩壊するのであり、日本軍が占領している状況下での分離運動は、中国の領土保全を保障した九か国条約の違反であると攻撃した（臼井〔一九九五〕一一六〜一一七頁）。

各国メディアの反応を見ておこう。

米国の大多数紙は、不戦条約・九か国条約に違反していないと主張する日本を批判しており、最強硬派は道徳的・外交的・経済的圧迫を主張した（『ワールド・テレグラフ』）。しかし、非干渉派も存在しており、日本の軍事行動を一切認めないとするスチムソン・ドクトリン（一九三二年一月、スチムソン国務長官による、不戦条約に反する手段を用いてなされたいかなる事態・条約・協定も承認しないとする宣言）を批判し、日本に対する抗議の必要なしと主張するものもあった（ハースト系紙）。

さらに日本への好意派は、日本が満洲に重大・正当な権益を持つことは当然であり、いたずらに侵略呼ばわりするのは危険とまで主張している（『シカゴ・トリビューン』）。日本の口実は貧弱だが、米国が中米・カリビアン地方に傀儡政権を立てたときの米外交官の口実よりも優っている、と主張するものもあるほどであった（『フィラデルフィア・レコード』）。必ずしも日本批判一辺倒でもなかったのである。

英国では各紙とも厳しく日本を非難（『マンチェスター・ガーディアン』、労働党系の『デイリー・ヘラルド』）しており、不戦条約などに違反していないとする日本の主張こそ議論の焦点とするものだという主張もあった（『デイリー・クロニクル』）。

フランスでは、日本は米国と国際連盟に挑戦しており議論をなさず命令強迫をするという批判がもちろんあったが（社会主義の『ポピュレール』）、日本の自衛権の主張には理由があるようだ、中国の一部としての満洲自治は失望すべき結果を示した、自国内の秩序を保ちえない中国は新満洲国の後見となり政治的組織を指揮する資格はないとする親日的主張（『ル・タン』）や、日本と連盟との間の妥協を望み日本の連盟脱退は日本にも連盟にも不利（『ジュルナール』）とするような主張もあった。

ドイツでは各紙とも日本を批判しており、米国と国際連盟に対する挑戦であり、連盟規約・不戦条約・九か国条約の精神に反するとされていた（内田康哉伝記編纂委員会ほか〔一九六九〕三六二～三六三頁）。

このように、総じて日本に批判的だが、米国の一部やフランスのように日本に好意的な論調が存在していたことも事実である。

なぜ焦土演説に至ったのか

さて、それでは内田はなぜこのような演説をしたのか。内田の内面を理解する必要があるだろう。青年外交官内田は日清戦争前の時期に「興亜策　一名日本盟主論」（一八九三年七月）、「日本の国是」（一八九三年十月）などの文章を書いている（内田康哉伝記編纂委員会ほか〔一九六九〕二〇～三〇頁）。

それによると、日本の進むべき方向は「興亜」、すなわち欧米からのアジアの解放であり、日清韓三国同盟を結ぶことだとされている。清韓を「警醒」させる、具体的には朝鮮を清国から独立させ、日本人と朝鮮人は同一人種なのだから日朝を合一させ、さらに「日清の協合」を成し遂げ「我盟主の位置」を確立させ、終局的には日本はアジアの盟主たるべきだというのであった。

同じころに「日清韓三郎伝　一名興亜大外交政策」（一八九三年七月）というものも構想している。これは次のような小説であった。戦国時代の武将蒲生氏郷《がもううじさと》の子孫の韓三郎が、渡英途次に上海で清国改革の困難さを知り、次にシンガポールで東洋の大勢を論じて気炎を吐き、英国到着後、下院でグラッドストーンの演説を傍聴。その後、北京で日清連合の必要性を説いて外交場裡に活躍。米国勤務となるが乗船が衝突沈没し、ロッキーの雪山で籠城して終結する、というものであった。幸田露伴《こうだろはん》への執筆依頼を期していたという。

これらを総合すると、内田は元来明白なアジア主義者であったというしかない。それが外交官として昇進するにつれ、時代の趨勢にあわせ親米英派的な国際協調主義に転じていたのだが、こうした二重性のなか、昭和初期の時代動向とともに再び若き日のアジア主義の方向が再発動していったものと見られるのである。

このアジア主義への復帰の契機・時期を見定めるのは難しく、類推に留まるのだが、それは一九二八年の時点ではないかと思われる。次のようなことが起きているからである。

一九二六年十二月、英国のボールドウィン内閣は突然日本の立場を無視し、一方的に既存の条約は「多くの面で時代遅れ」であり現状にあわせる必要があるとし、中国に関税自主権を認め、付加税を即時無条件承認するなどの「十二月メモランダム」というものを発表した。

ティリー駐日大使からこれを受け取った出淵勝次《でぶちかつじ》外務次官は「突如発表の一事に至りては甚だ了解し兼ぬる」「英国は華府《ワシントン》条約の精神を無視し、又日本と協調を欲せざるものと認むる他なし」「事態甚だ遺憾に堪えず」と述べ、幣原喜重郎外相もティリー駐日大使に対し、元英国外相グレイの ***Twenty-Five Years***（紳士外交を説いた、幣原の愛読書）を片手にして激しく抗議したのだった（高橋〔二〇〇〇〕五二九頁。服部〔二〇〇六〕一〇五～一〇六頁。後藤〔二〇〇六〕九七頁）。

だが、「イギリスは12月メモランダムによって、中国問題に関してはワシントン会議の精神から離れる意図を持っていたということがうかがえる」、それは「ワシントン会議の枠組からの離脱を明確に意識した上で実行されたこと」なのであった（後藤〔二〇〇六〕一七三頁。西田〔二〇〇二〕一〇七頁）。

このワシントン条約に基づく国際協調体制を破壊する英国の態度に対し、幣原は米国との協調に頼るしかなかったが、翌一九二七年一月二十七日、米国のケロッグ国務長官は声明を発表し、関税自主権と治外法権の撤廃を示唆した。これも日本に何の協議もないままであった。

さらに日本にとって決定的であったのは、一九二八年七月七日、国民政府外交部長王正廷の日清条約（通商航海条約〔一八九六年〕および同追加条約〔一九〇三年〕）の突然の廃棄通告であった。もともとこの条約は約定関税率と通商条項に関する一〇年ごとの見直し規定を定めていたが、改定期の一九二六年秋に中国は条約の改正を要求し、半年以内にまとまらないと失効するとしてきたので、「日本は忍耐と節度をもって、当初は北京グループと、その後は上海・南京の国民党と、一年以上にもわたって交渉を継続した」のであった。

そこへ出てきた廃棄宣言であった。これではこの条約に基づくすべての権利を失うことになるため、日本はまず米国の態度を探ることにしたが、このとき日本政府代表のような形で米国を訪問することになったのが、枢密顧問官の内田なのであった。すなわち、パリ不戦条約調印式に出席した内田は、九月二十九日にワシントンの国務省を訪問したのである。

内田の述べた日本の主張は以下のようなものであった。

「協調政策とは、全関係国の協調を不可能にしているような中国の条約違反をやめさせ、規則に従って行動するよう各国が一致して中国に当たることを想定しているのか」

日本は地理的必然性から、他国と異なる特別な関係を中国との間に持っており、大きく依存している。ワシントン会議で日本はその立場が米国の政策と一致することを学び、以後、国際協調政策に全幅の信頼を置き、さまざまな主張を放棄し、面子《メンツ》も捨ててきた。ワシントン条約を全面的に支持する米国の考え方に忠実に、良心的に従って行動してきたのである。

しかるに中国は、約束した国際協力を無視し、条約締結国中でも日本に対して敵意と無責任の政策を取りつづけてきた。もし、中国が自己の利益のために、約束された国際協力を拒否したり協力しようとする諸国との良好な関係の樹立を排斥しようとするのなら、各国は団結してもっと冷静な時代に中国が喜んで承認していた諸目的を達成するようにさせなければならない。

日本政府は米国政府が中国問題に関する国際協力理念の保証人だと認識している。そこで、「中国をこの国際協力の枠組みに引き戻すよう決定的な影響力を、米国が放棄するのかどうかを日本は知りたいと願っている」——。

この「願い」に対して米国政府はほとんど回答らしい回答をせず、実質的に日本の主張を「否定した」のだった。

日本は、英米がそれぞれ単独で関税条約を結んでからしばらくおいて、一九三〇年に中国と関税条約を結ぶことになるが、それはワシントン条約を守ろうとしたことから起きたことなのだが、そうは見られない、不平等の解消に不熱心な国と見られる役回りとなったのであった。

このワシントン条約を最も熱心に守ろうとしていながら、中国・英国・米国の巧みな連携によって孤立させられていくプロセスの決定的時点において、米国に特使的立場でおもむきながら屈辱的な扱いを受けたことは、内田の内面に英米に対する大きな不信を植えつけ、アジア主義的なものを復活させる要素となったと思われるのである。西園寺らはこの点が十分洞察できていなかったのだとも言えよう。

松岡洋右とは誰か 188

次は松岡洋右である。これも経歴を年表風にまとめておこう。

松岡は一八八〇年山口県熊毛《くまげ》郡に廻船問屋の四男として生まれた。十一歳のとき家が破産し、一八九三年渡米。一九〇一年にオレゴン州立大学卒業。翌年帰国し、一九〇四年外交官試験合格。上海、ペテルブルクなどの勤務を経て、一九一三年ワシントン勤務。帰国後、外相秘書官。一九一八年には寺内正毅《てらうちまさたけ》首相秘書官となっている。一九一九年ヴェルサイユ講和会議全権随員となった後、政務局に勤務し、一九二一年辞職。同年満鉄理事となり、一九二七年には満鉄副総裁。一九二九年には辞職し、一九三〇〜三三年は衆議院議員である。

「満蒙は日本の生命線」という著名な言い方は、松岡洋右が一九三一年一月二十三日、第五十九議会で幣原外相を詰問して言い出したことであった。この言葉は大流行したが、これは大変危険な論理であった。当時、幣原外相らが腐心していたのは、(内田の箇所で述べたような) 日本の条約上の正当な権益が中国の一方的で違法な主張と行動で覆されそうになっているという状況の改善であったのに、松岡は日本の権益は「全満蒙をおおっている」などと言ったのである。これは当時の国際社会の理解を得られないものであるが、関東軍の幕僚らはこの松岡的論理を取ることになる (臼井〔一九七四〕三〜二五頁)。

しかし、それではなぜ西園寺らは国際連盟総会の全権に松岡を選んだのかということになるが、これは松岡が一九三二年に犬養毅首相、芳沢謙吉外相の特使として上海に派遣され、国際連盟臨時会議日本政府代表として、上海事変解決のため停戦協定締結に尽力したからだと見られている。重光葵《しげみつまもる》などもこのときの松岡を評価している。

内田のように過去の業績ではなく、比較的直近の外交的手腕が認められた形だったのである。ここにも「満蒙は日本の生命線」という危険な言説と上海事変解決のための停戦協定締結に尽力という国際協調との二重性があったとも言えよう。

国際連盟脱退までの経緯①リットン報告書まで

ここでは国際連盟脱退の前史とも言うべき、満洲事変の勃発から松岡が全権になるあたりまでを、年表風にまとめておこう。

一九三一年九月十八日、満洲事変勃発。

九月二十一日、中国がこれを国際連盟理事会に提訴。

九月二十二日、常任理事国議長（最初はスペインのルノー、のちフランスのブリアン）と理事からなる五人委員会設置。

十月十四日、理事会が米国代表のオブザーバー参加を決定。

十一月二十一日、九月二十一日の中国の提議をもとに、日本が国際連盟理事会に調査団派遣を提案。

十二月十日、理事会は調査団派遣を決定。

一九三二年一月二十一日、調査団の英米独仏伊委員五人がジュネーヴに集まり、英国の委員リットンを委員長に選出する（リットン調査団）。リットンは父がインド総督で、自らもベンガル州知事・総督などを歴任。ほかの委員はクローデル（仏。陸軍中将。西アフリカ駐屯軍司令官などを歴任。仏植民地防衛軍司令官）、マッコイ（米。陸軍少将。米西戦争・欧州戦争に従軍。フィリピン勤務など）、アルドロバンディ（伊。外交官、伯爵。駐ドイツ大使など歴任）、シュネー（独。外務省植民局に入り、南太平洋諸島勤務、独領東アフリカ総督など歴任）。調査団は総勢約七〇名、費用九万六五〇〇ドルは日中両国が折半する。調査期間は六か月を予定していた。

三月、松岡が上海事変解決のために犬養首相、芳沢外相の特使として上海に派遣され、重光葵公使とともに停戦協定締結に尽力する。

三月十一日、国際連盟臨時総会が開かれ、連盟規約と不戦条約違反の一切を認めないと決議。そして、連盟規約第十五条三、四項に基づき一九人委員会設置が提案され、一九人委員会選出。

六月十四日、日本では衆議院が満洲国即時承認を決議。

七月六日、内田外相就任。

七月十二日、リットン調査団と内田外相の初会談。仏委員クローデルは中国主権の下での日本の権益を守る満洲国は考えられないか、と発言する。

七月二十四日、内田外相が松岡と石井菊次郎《いしいきくじろう》に国際連盟全権就任を打診したところ、松岡は諾し、石井は渋ったという新聞発表があった（『朝日』七月二十四日。松岡は「石井〔への打診〕説はヨタ〔話〕だ」と否定している。松岡洋右伝記刊行会〔一九七四〕四二〇頁）。

松岡の全権就任は内田外相就任直後に有吉明《ありよしあきら》中国公使就任とともに内定していたと言われており（臼井〔一九九五〕一四〇頁）、「太平洋会議（一九二九）や上海特使としての実績が大きく物を言ったことは否めまい」と松岡の伝記は著している（松岡洋右伝記刊行会〔一九七四〕四二一頁）。白鳥敏夫《しらとりとしお》外務省情報部長、谷正之《たにまさゆき》アジア局長、芳沢前外相、牧野伸顕ら大学寮グループ（大川周明の主宰した革新的日本主義思想教育機関の関係者）が支持したという（同前）。また森恪が推薦し、白鳥が支持したという説もある（緒方〔一九七〇〕四八頁）が、確定はできない。

さて、八月中旬、仏委員クローデルとリットンが対立した。クローデルはリットンの一貫した日本告発姿勢に批判的で、国際連盟が承認できるように満洲国が根本法を修正するなら存在を認めてよいと主張したのである（臼井〔一九九五〕九三頁）。クローデルのような日本のシンパサイザーも存在したわけである。

八月十八日、長岡春一《ながおかはるかず》国際連盟代表から、満洲国承認は慎重にすべきだという電報が入った。長岡は、主権は中国、その行使は満洲国、というプランを提言してきたのである。吉田《よしだ》茂《しげる》、佐藤尚武《さとうなおたけ》らとの協議の結果であった。七月十二日のクローデル発言に注目したのである。それは「之迄単独承認を高調し来りし帝国が如何にして其の面目を立て又輿論を収拾し得るやにある」と指摘している（臼井〔一九九五〕九四頁）。まさにこの「面目を立て」と「輿論を収拾し得るや」とがこの問題の究極のポイントであった。

八月二十五日、内田外相による焦土演説が行われ、九月十五日、日本政府は満洲国を承認した。

九月三十日、リットン報告書（国際連盟規約第十五条三項による「調書」、これに基づき第十五条四項による「勧告を載せたる報告書」を作成し、当事国に受諾させることによって紛争を解決することが国際連盟の目指すもの）が日中両国に手交された。この内容は以下のようなものであった。

①中国の統一性を否定する日本の見解を否定し、中国の将来性を信頼する。九月十八日事件の自衛性を否定（日本は、二二万の中国軍、一万余の日本軍、中国軍の不規律などから自衛性を主張していた）。満洲国の自発性を否定し、日本軍と日本人官吏によって支配されている、とした。

②解決策――中国主権下での自治政府を置き、国際連盟主導下での外国人顧問採用、非武装化を実施。

③日本への配慮――外国人顧問に十分な割合の日本人を採用する。最高法院の二名の外国人顧問のうち一名は日本人とする。日本人の商業活動に対する中国側の組織的ボイコットを禁止する。満洲での経済活動への日本人の自由な参加を認め、そのための鉄道問題などを解決する。非武装化後の日中両国の満洲への軍事力の平等な行使を保障する。

このうち、①②は日本には認められないものだが、③は日本側にかなり配慮された内容であった。

国際連盟脱退までの経緯②脱退決定へ

一九三二年十月十一日、松岡が正式に全権に任命され、十月二十一日、出発した。政府の訓令は「連盟側をして或程度に其の面目を立てつつ事実上本件より手を引かしむる様誘導すること」というものであった（臼井〔一九九五〕一四〇頁）。日本が国際連盟を脱退するなどとはどこにも書かれていない。

当時、日本の多くの有識者に支持されていたのは「連盟非脱退論」であった。「非脱退論」とはどういうものか。それは立作太郎《たちさくたろう》東京帝国大学教授（国際法）の主張に要約されているが、次のようなものである。

連盟規約十五条が定めているのは調停手続きにすぎずその勧告に法的拘束力はない。十六条の制裁は十五条などを無視して戦争に訴えた場合だけ適用されるのである。だから日本は勧告を無視して連盟にとどまればよい（立〔一九三二〕二二〇頁、二三〇頁。三谷〔二〇〇九〕一三五頁）。

確かに連盟規約第十五条と第十六条は次のようなものである。

「第十五条三　聯盟理事会は紛争の解決に力むべく、其の努力効を奏したるときは、其の適当と認むる所に依り、当該紛争に関する事実及説明並其の解決条件を記載せる調書を公表すべし。

四　紛争解決に至らざるときは、聯盟理事会は全会一致又は過半数の表決に基き当該紛争の事実を述べ、公正且適当と認むる勧告を載せたる報告書を作成し之を公表すべし。

第十六条　第十二条、第十三条又は第十五条に依る約束を無視して戦争に訴えたる聯盟国は当然他の総ての聯盟国に対し戦争行為を為したるものと看做す。他の総ての聯盟国は、之に対し直に一切の通商上又は金融上の関係を断絶し自国民と違約国国民との一切の交通を禁止し、且聯盟国たると否とを問わず他の総ての国の国民と違約国国民との間の一切の金融上、通商上又は個人的交通を防遏《ぼうあつ》すべきことを約す」

日本の行動がよくないと指弾されても、制裁などはないのだから無視してそのまま居つづければいいということになるわけである。これは「頬《ほお》かぶり」論と言われることになる。

十一月三〜七日、松岡はモスクワに滞在したが、リトビノフ外務人民委員から不侵略条約を提議されている。その後、松岡は十一月十八日にジュネーヴに到着した。政府はこの日、リットン報告書に対する意見書を提出するが、翌日の新聞各紙はリットン報告書を一斉に非難した。新聞との同調の本格的な始まりである。

十一月二十一日、リットン報告書を審議する国際連盟の第五回理事会が開かれ、松岡と顧《こ》維鈞《いきん》中国代表が演説、さらに十二月六日、総会で松岡と顔恵慶《がんけいけい》中国代表が演説した。

十二月七日、サイモン英外相が演説し波紋を呼んだ。次のようなものであった。

報告書は両国を正確に批判している。中国に排外感情がないと擁護する向きもあるが報告書は排外感情が疑いなく存在していると結論づけている。中国はワシントン会議の国際協力の道を歩み始めたのだから一〇年間その道を歩んでおればいいものを排外的宣伝の悪意のためにそれを妨げられた。批判ばかりでなく実際的妥協が必要なのである。

中国の激しい運動に苦しめられてきた英国は日本に好意的であったことがわかる。松岡は喜び、中国は憤慨した（臼井［一九九五］一四四〜一四五頁）。しかし、松岡にはこれを日本の利益に結びつける工夫に乏しかった。

十二月八日、松岡が著名な十字架演説を行った。日本を十字架上のキリストに喩えたのだが、キリスト教国にプラスであったのか疑わしいところであった。

十二月十五日、一九人委員会は十五日の総会決議に基づき、総会報告案文を日中に提示した。決議案・理由書で構成されているが、和協委員会を設置し、そこに米ソ両国を招請するとし、理由書第九項において「満洲における現体制の維持および承認は解決と見なされない」として満洲国を否認していた。日本代表部は米ソ招請を「快諾」と上申したが、内田外相は紛糾させるだけと拒否した。

十二月十九日、全国の新聞一三二紙がリットン報告書受諾拒否共同宣言を出した。これだけの規模と量を合わせた共同宣言はかつてないものであった。ロンドン海軍軍縮条約に賛成で歩調を合わせた新聞メディアは、それをはるかに上まわる対外強硬論で一致したのである。

一九三三年一月一日、山海関《さんかいかん》事件が起きた。満洲国と中国の国境の山海関を日本軍が占領したのである。これを聞いた対日強硬派のスチムソン米国務長官は、出淵勝次駐米大使に「日本は国際連盟やパリ不戦条約から脱退したほうがよい」と言明した（臼井〔一九九五〕一五〇頁）。

このあと、日本軍は満洲国を固めるため熱河作戦を展開。天皇は国際連盟から除名されることを心配したが、五月の塘沽停戦協定に至る。

一方、内閣のなかでは、新聞世論を背景に強硬論を唱える荒木貞夫陸相と、国際協調を重視する重臣に近い大臣たちとの間で衝突が生じはじめた。すなわち、一月十四日、閣議で荒木陸相が「輿論、国論が」と言ったことに高橋是清蔵相が反論。二月一日の閣議でも、高橋が陸軍の声明などを批判したところ、荒木が「新聞が……勝手に書くのだからどうも已むを得ない」と反論したので、高橋が「なぜ取り締まらないのか」と再反撃し、荒木が「閉口」するという場面が現出した（原田〔一九五〇〜五二〕第二巻、四二九頁、第三巻、一四頁）。

一月十八日、日本は一九人委員会に回答した。米ソの招請を拒否、第九項の修正を要求するというものであった。委員会は米ソ招請問題での決裂回避を企図し、米ソ招請を撤回すれば原案を受け入れるか日本に打診、同時に議長宣言を留保できることを日本に通告する権限を議長に付与した。委員会の最後の妥協案とも言われる。

一月二十一日、日本は内田外相の指示で、第九項での満洲国否認の明示化を拒否した。委員会はこれを受諾できないと判断。委員会の妥協の努力がすべて終わったことを確認し、第十五条四項に基づく勧告案を起草することになる。

これに対し、一月三十日、松岡は第九項承認を上申、事態決裂の最後の努力であった。

二月七日十三時に日比谷公会堂では対国際連盟緊急国民大会が開かれ、満員の盛況であった。これはＮＨＫが全国中継し、以下のような宣言が採択された。

「国際連盟の態度は愈々出でて愈々錯覚に陥り毫も誠意の認むべきものなく、特に規約第十五条四項を以て我に臨まんとす。……政府は宜しく速やかに頑迷なる国際連盟を脱退し直ちに公正なる声明を中外に宣言し、帝国全権をして即時撤退帰朝せしむべし」

これは政府およびジュネーヴの日本代表に通達された（臼井〔一九九五〕一五七頁）。当時、ラジオ放送はNHKしかないのだからその全国中継放送ははかりしれない影響力を持っていたと見るべきであろう。また、NHK全国中継の政治的影響力が発揮される最初の機会であったと思われる。松岡の背後にはこの国民の「声」があった。

この対国際連盟緊急国民大会が開かれた日の夜、牧野伸顕内大臣は、英大使館でリンドレー大使と夕食をともにしていた。牧野はこう言ったという。

「問題は外交であると同じ程度に内政にかかっていることは明らかだ。自分は連盟規約ができる時ベルサイユにいた。規約の立案者は……世界の世論を教育すべきだと考えた。不幸にもそのような意図はほとんど達することができなかった。このことは特に日本についてあてはまる。日本は戦争が西欧諸国にもたらした苦痛を耐える経験がなかった。それが西欧諸国に平和への願いを根付かせ連盟の創立を導いたものであった。日本の近代の歴史は非常に短く、この短い歴史と真の戦争の経験を欠いていることが日本の世論をして実際上例えばイギリスのように進歩させていないことを記憶しておかなければならない。……閣僚のなかで国際連盟を熱心に擁護しそして理解している者は非常に少なく、国民のなかではさらに乏しいのは当然である」（リンドレー大使からサイモン外相宛二月八日報告。臼井〔一九九五〕一五七〜一五八頁）。

しかし、元老重臣の代表格のように見られた牧野は、前年の五・一五事件で爆弾を投げられており、国内的には少数派にすぎなかった。

国際連盟理事会で演説する松岡洋右（1933年２月）
所蔵：毎日新聞社.

二月八日、日本は最後の修正提案をした。日本は満洲国を承認したがほかの連盟国は承認していない、という事実を記した上で、報告書中の将来の制度は現在のものに格段の変更を加えることなく発展せしめられるべき旨述べていることに注目する、というものであり、要するに第九項の曖昧《あいまい》化を目的としたものであった。

委員会は、この日本提案に対し報告書第九章第七原則（中国主権下での満洲自治）を認めるか否かを日本に確認してきた。

二月十四日、日本は満洲国承認を唯一の解決策と回答した。この日、『朝日』は「ゆきつくところ戦争も辞さない」と書いている。

二月十五日、委員会は日本の二月八日提案を拒否した。そして第十五条四項に基づく勧告案を提示したのである。勧告案は、満洲国の存在を完全に否認し、一九三一年九月十八日以前の緊張状態には中国の責任もあるが、以後は日本にのみ責任があると断定している。日本への配慮がなく日本を糾弾した内容であり、報告書より硬化したものであった。

二月十六、十七日、日本代表団は脱退要請を本国に打電した。

松岡はこのころ、次のようなことを書いている。

「斯る場合、頬かぶりして通らんとする如きは、之を我国民性に鑑み、到底、長く堪え得る処に非ざるのみならず、実に日本精神の根本と相容れざるものとして忍ぶ能わず、若し我国に於て、此の際、其の取るべき進路に付き、逡巡する如き者あらば、尚おの事、断乎として脱退し、以て我国民精神の真の作興を期すべきなり、要するに国家の前途は、一に国民精神の如何に依る、断じて一時の便宜、若くは物質的損得に依り決せらるべきものに非ず……此際万難を排し、断乎たる決心のことに、勇往邁進することに御決定あらんことを祈る」(伊東伯爵文書。藤井〔一九八八〕三二九頁)

『東京日日』も社説に「連盟脱退の外なし　頬冠り主義を排す」と書いている。現実的な「頬かぶり」論は、圧倒的な脱退論のなかに維持できなくなっていたのである。

二月二十日、閣議は脱退方針を決定した。

二月二十四日、総会が開かれ、松岡が演説した。中国を国際管理するかのごとき報告書だが、パナマの国際管理を米国は、エジプトの国際管理を英国は、それぞれ受け入れるのかと反論したのだが、採決は四二対一となり、日本は連盟を脱退することになる。

内田のほうが早く、松岡も後を追ってその二重性のなかから強硬論へ帰着したわけだが、松岡の挙げる脱退理由は次のようなものであった（松岡〔一九三三〕二二三〜二二七頁。井上〔一九九四〕一三〜一四頁。内田康哉伝記編纂委員会ほか〔一九六九〕一六八頁）。

①「支那の脅迫」。サイモン英外相らの演説に怒った中国が英商品をボイコットするという脅迫をしたので英国の態度が変わった。

②和協委員会を設置し米を招請するという英国や事務総長のプランに日本政府が反対した。

③一九人委員会による第九項問題で、英国は「そのまま存しておいて、／総会に報告された時に、日本はこれに異議を唱えたらいいではないかという、いわば妥協案を申し出た」のに日本政府が拒否した。

④「ヨーロッパの現状」。欧州大戦直前よりも危険な状態。小国には国際連盟は生命線であり、兵力使用を厳禁しなければ小国はいつ大国に「ど
やされるかもしれぬという実情」がある。英国は、この小国のことを考えると欧州に比し二義的な極東の問題で譲歩できない。

⑤小国側の脅威からくる英国のにわかの硬化。

松岡が、③のように日本政府側にも問題を求めていることに驚かされるが、①④⑤のように、元来日本に好意的であった英国の態度変更が大きかったと見ていることがわかる。熱河作戦が英国の権益に不安を与えたという分析もあるが、松岡がこのような日本側の行動を軽視しているのは、当時発表されたものだからと思われる。

2　国際連盟脱退問題をどう見るか

「頬かぶり」主義の当否

日本の連盟脱退について考察していくには、当時の国際連盟では満洲国承認問題以外にも各国の利害が対立する案件が起きていたことを知る必要がある。ここでほかの国際連盟案件を見てみよう。

まず、第二次エチオピア戦争である。第一次エチオピア戦争で敗れたイタリアが、エチオピアの植民地化を意図して攻撃をしかけたものである。年表風にまとめると次のようなものであった。

一九三四年十二月五日、イタリアとエチオピアがイタリア領ソマリランド国境で衝突した。

一九三五年三月十七日、エチオピアが国際連盟規約第十五条の適用を求め、国際連盟に仲裁を要求。

四月十一日、英仏伊、ヒトラーの再軍備声明に対するストレーザ会議を開催。

八月十六日、英仏伊間の交渉開始。

九月三日、仲裁委員会が結論を出すものの曖昧なものであった。

十月三日、イタリアがエチオピア攻撃を再開。

十月七日、国際連盟理事会、イタリアが第十二条に違反と認定。第十六条の適用を決定。

十月十日、イタリア代表、総会で反対演説。五四か国中五〇か国が理事会判断に同意。武器弾薬などの禁輸委員会を設置。

十二月二日、カナダが石油を対イタリア禁輸品目に入れることを主張。石油禁輸は宣戦布告と受け止めるとイタリアが表明していたので英仏は拒否する。

十二月九日、エチオピアの半分以上をイタリア支配下に置くことを認めるホーア・ラヴァル案（英仏外相案）が新聞に洩れ、エチオピアは拒否を発表する。英国世論も沸騰し、ホーア外相が辞任、イーデン外相が就任する。

一九三六年三月三日、国際連盟、イタリア・エチオピアに停戦・交渉開始を提案、三月五日にエチオピア、三月八日にイタリアが停戦交渉に同意。

三月七日、ヒトラーがラインラントの再武装を宣言、英仏はイタリアが対独包囲網から離脱することを怖れる。イタリア、エチオピア攻撃を再開。

五月二日、エチオピア帝国のハイレ・セラシエ皇帝が亡命。

五月五日、アディスアベバ陥落。

五月九日、イタリア、エチオピアの併合を宣言。

七月四日、国際連盟総会、イタリアへの制裁打ち切りを決定。

この経緯からわかるように、イタリアの行為に対して英仏、とくに英国はたえず妥協的であったが、これはヒトラーがドイツで権力を掌握し、再軍備を実施して緊張が高まったので、イタリアに対して宥和《ゆうわ》的にならざるをえなかったのである。

もっとはっきりしているのがソ連の国際連盟除名問題である。これも年表風にまとめよう。

一九三九年十一月三十日、ソ連、フィンランド侵攻。

十二月二日、フィンランド、連盟に提訴。

十二月十一～十四日、総会開催。ソ連非難決議が可決。

十二月十四日、理事会（七か国）、ソ連追放決定。

こちらは弁明の余地のまったくない明白な侵略戦争であり、ソ連は国際連盟から除名されたのだが、その後第二次世界大戦が起きてソ連が戦勝国にまわると、一九四四年八〜十月、ダンバートン・オークス会議が米英ソ中によって開かれ、国際連合の創設が決まっていく。

このように見てくると、日本が「頬かぶり」主義でじっと黙って待っている戦略を取っていれば、その後の国際情勢の変化のなか国際連盟で生き延びえていた可能性はきわめて高かったと言えよう。勧告を聞きつつ脱退せずにすませるという「頬かぶり」戦略を放棄したことが、日本の失敗の最大の外交的原因であった。

先に見た松岡の文章には「国家の前途は、一に国民精神の如何に依る、断じて一時の便宜、若くは物質的損得に依り決せらるべきものに非ず」とあったが、日米開戦の前にも政府は同種の決断をすることになる。これは政党政治といえば「党利党略を排斥すべきだ」という見方に類似している。外交や政治の主体を「利益」の観点から見ることができない、成熟のない政治観が根本にうかがえるのである。もちろん、「利益」がすべてではない。そこには例えば「価値」「理想」なども必要なのだが、「利益」の追求は合理性を担保することになり、政治主体を置かれた環境を無視した非合理的行動に走らせないという視点が重要なのである。それが現実性・合理性を踏まえた外交世論の熟成につながるのである。この視点をたえず保持していた石橋湛山から今日学ぶべきことが多い理由でもある。

ポピュリズム的世論の問題

松岡は四月二十七日、横浜港に帰国したが、「数万人の山」と言われる大群衆が出迎え万歳の歓呼の声が怒濤のようにわき上がった。「JOAK〔NHK〕のマイクを通じて河西アナウンサーがこの盛観を全国氏の胸へ伝える……官民一同の熱狂歓呼のあらし」（『朝日』四月二十八日夕刊）という有り様であった。鉄道省は横浜駅から東京駅まで「全権列車」を特別編成。東京駅には全閣僚、陸海軍代表らが参列、宮城に向かう車の両側はやはり群衆が万歳を歓呼して迎えたのだった。

著名な外交評論家清沢洌は、このころ松岡に「松岡全権に与ふ」（一九三三年）という文章を書いている。この文章こそ、この問題の本質を最も的確に表現したものであった（緒方〔一九七〇〕）。

清沢は日露戦争後のポーツマス会議と今回のジュネーヴ会議とを比較し、三つの相違点を指摘している。

第一に、日露戦争当時、桂太郎首相と小村寿太郎外相は一体となって、いかに民論による迫害があろうとも断乎として講和会議をまとめる意志があった。これに対し、ジュネーヴ会議の場合には、斎藤実首相、内田康哉外相は民論の赴くままに動くというよりも、むしろ民論に責任を転嫁して、「輿論の趨向」「国民の総意」と言って、この蔭に隠れようとした。

第二に、「桂と小村が絶対に、わが国の国際的孤立を避けんとしたに対して、斎藤、内田は寧ろわれから進んで孤立を選んだ傾き」があった。

第三に、日清、日露の戦争中には、「衆論に抗して毅然《きぜん》として立つ少数有力者があった」のに比べ、今回は国家の危機に直面してそうした主張をする者がなかった。「国家の絶大なる難局に面した場合には、暫らく輿論を無視し、国家のために一身を犠牲にするのも国民、殊に指導者の任務」ではなかろうか。かつての日本は小村をはじめこの種の指導者に事欠かなかったが、「今や、こういう国士的矜持《きんじ》を有している者が何処」にも見あたらなくなった。

こう主張して清沢は次のように結論づけていく。外交においては「断じて」とか「常に」という断定的な言葉は禁句であり、また結果を急ぐことも外交に求めてはいけない。これまでのいかなる公文書よりはるかに日本の立場を認めたリットン報告書に対して、松岡のやったことは連盟脱退という恫喝と妨害だけであり、戦術として拙劣極まりないものだった。日本で絶賛されている松岡の外交は真の外交ではなく「背面外交」とでもいうべきものだ。背面の国民世論という傍聴席を喜ばせているだけで、肝腎の世界の裁判官席には何も届いていないのだ。

明治末、ポーツマス講和会議から帰国した小村寿太郎は、息子が生きているのに驚いたというほどの轟々たる国民的非難を浴びたが、これ以上ロシアとは戦えない日本の国力を知っていた小村は、断然講和条約を結んだのだ。満罵を浴びても本当の国民の利益を考えて一身を犠牲にしてまでやり抜くのが真の指導者だ。かつてはわが国には確かにこういう指導者がいた。しかし今こういう「国士的矜持」を持つものがどこにいるか。彼らは「キング・モッブ（群衆王）の前に平伏し、恐怖して、ただその御機嫌を失わざらんことにつとめているではないか」。このように「輿論を懼《おそ》る政治家」が闊歩《かっぽ》する現状の危険性を、清沢は激しく指弾したのであった。

この違いは言うまでもなく、普通選挙が始まりマスメディアが発達した今日に続く大衆政治の時代と、そうでない時代との政治家の差であった。以後、「群衆王」に突き動かされた日本は日中戦争から日米戦争への道を走る。

清沢は自由主義者として、外交と同じく思想においても左右両極の極論を排した。また、海外経験の長かった清沢は、欧米には老練のジャーナリストが多く、彼らは知力で勝負しており優れた分析力を見せるのに、日本の新聞記者は若者ばかりで、ジャーナリズムは体力で勝負するものだと日本人は勘違いしていると嘆じた。また、欧米のジャーナリズムは厳密な統計など正確なデータに基づいた報道を熱心に心がけているのに、日本のジャーナリズムでは不正確なものが平気で横行しており、ポピュリズムに足を取られやすい危険性の高いことも強く指摘している。

すでに見たように、日比谷焼き打ち事件は日本のポピュリズムの起源となるものだが、それでもそこには小村のような指導者がいた。しかし、国際連盟脱退の時点では下から上まで大衆世論に覆い尽くされていたというわけである。すなわち外交問題における日本のポピュリズムが、明治と異なり昭和前期には、ある完成段階に達したことを告げたのが国際連盟脱退事件なのであった。

第9章　帝人事件

事件発覚

帝人《ていじん》事件とは、台湾銀行へ渡っていた帝国人造絹糸株式会社（帝人）の株式を、郷誠之助《ごうせいのすけ》を中心とする財界人グループ・番町会《ばんちょうかい》の関係者が、政府高官の口利きで台湾銀行から不当に安く譲り受け、三土忠造鉄道相、中島久万吉《なかじまくまきち》前商工相、大蔵省幹部らが一三〇〇株をその謝礼に受け取ったとする事件である。

帝人は金融恐慌（一九二七年）の煽りで倒産した鈴木商店の系列企業であり、郷誠之助は日本経済連盟会会長を務める有数の経済人であった。安く譲り受けた帝人株は、鈴木商店の倒産後値上がりした一〇万株で、このため最大の債権者であった台湾銀行に一六〇万円の損失をもたらしたとされた。

一九三四年一月、『時事新報』の武藤山治《むとうさんじ》がこの問題をスクープしたことに始まり、二月二日、関直彦（同和会）が貴族院本会議で政府高官の仲介で帝人株が不当売却されたと追及し、事態は発展していった。

四月五日、関係者の家宅捜索が開始され、高木復亨《たかぎなおみち》帝人社長が任意出頭、四月十四日、高木が自供、四月十八日、河合良成《かわいよしなり》（番町会）、永野護《ながのまもる》（番町会）、長崎英造《ながさきえいぞう》（旭石油社長、元鈴木商店東京総支配人）ら関係者が逮捕されていった。こうして重要な財界人の逮捕が続いた後、五月十九日、黒田英雄《くろだひでお》大蔵次官逮捕、続けて銀行局長・特別銀行課長ら大蔵省幹部が続々逮捕される。かつてない空前の疑獄事件となったのである。

六月二十九日、小山松吉《こやまつきち》法相は閣議で「有罪となるべき不可動の確信を持つに至ったので、予審に付した」として「某前閣僚、某現閣僚が本事件に関係した事実」を報告した（『朝日』六月三十日）。

黒田大蔵次官が黒田越郎検事に書かされた嘆願書があり、その内容は「四〇〇株もらったことを認め、うち一万円を高橋（是清）蔵相子息是賢《これかた》に分けたので蔵相に相すまない」というものであった。

小山は別の誣告《ぶこく》事件で辞意を抱いており、検察を制御できなかったとも見られている（原田〔一九五〇～五二〕第三巻、三一九頁）が、新聞はこれらを事実のように連日激しく報道、現職閣僚逮捕の危機が内閣の中枢に迫った斎藤実内閣は追い詰められた形となり、ついに七月三日に総辞職する。

その後も七月五日、中島久万吉前商工相と正力松太郎『読売』社長が召喚され、九月十三日、三土忠造前鉄道相は偽証罪で起訴され収容された。結局閣僚を含む政財官界の要人一六名が逮捕・起訴されたのだった。

当時の新聞の報道は次のようなものであった。

「暴露された株売買の裏面　驚くべき策謀と醜悪な犯罪事実　背任として最も悪質　検察当局の鋭いメス

帝人問題は今春の議会の貴族院本会議及び衆議院委員会で問題となったが、株式思惑に関する問題だけにお座なりの質問があったのみで中島前商相、黒田大蔵次官らの……答弁を鵜呑みにしてそれ以上の鋭い質問は何ら行われなかった、しかし検察当局の鋭い解剖のメスが一度この問題に加えられるや、その裏面に驚くべき策動と醜悪な犯罪事実がひそんでいたことがことごとく暴露するに至った、しかもこの事件は帝人と台銀の関係を歴史的に回顧する時背任事件として最も悪質なるを思わしめるものがあり更に綱紀粛正を標榜する現内閣の大官がこれに関係を有する事実まで暴露されたことは最も遺憾であるといわれている」（『大阪

朝日』五月十九日）

「事件が如何に進展しどう終局を結ぶかは検察当局の努力と証拠関係に俟たねばならないが、今日までのところでは大体次のような解釈になっている……財界の常識を無視し百二十五円で売買したのは島田氏などが台銀理事者たる任務に背き他人の利益をはかり銀行に損害をおよぼしたものといわねばならぬ、これが即ち背任罪の核心である……帝人株なるものは政府の補償による六億円の特融に対する担保として日銀に提供されている上は特融が国民の膏血《こうけつ》をしぼった金であることも明かである以上、この担保権者は結局は国民であり国家である……結局は黒田次官はその報酬として某氏の手を経て相当多額の金員を収受しているのではないか……なお帝人の増資問題についても大蔵省に許否の権限があるので金が帝人側から出ているとしても収賄罪は成立するわけである……五十七万五千円が果してどこへ行っているかわからない、もしそれが斡旋の労をとったといわれる監督官（台銀もしくは帝人）の手に入っているとしたらこれもまた瀆職ものである」（『大阪朝日』五月二十日）

明確な証拠が提示されているわけではないが「背任罪の核心」「収賄罪は成立」「瀆職ものの」といった事実が読者に感じられる報道ぶりであった。

取り調べの最中、これに当たった黒田越郎検事は次のように言った。

「俺等《おれ》が天下を革正しなくては何時迄《いつまで》経っても世の中は綺麗にはならぬのだ、腐って居らぬのは大学教授と俺等だけだ、大蔵省も腐って居る、鉄道省も腐って居る、官吏はもう頼りにならぬ、だから俺は早く検事総長になりたい、そうして早く理想を行いたい。……気の毒だが君は大したことはなかろうが、是は社会革正の犠牲だ、仕方がない、之に依って社会を改良するのだ」（一九三六年六月十六日、第一三一回公判、河合良成陳述。河合〔一九三八〕二一八頁）

「天下を革正」「社会革正」など「理想」実現のために司法官僚が突っ走っていた様子が明確にうかがえる言辞と言えよう。なお黒田は一九三四年七月、事件捜査の比較的早い段階で激務のため死去している。死を前にした突出した意識状態での発言であったのかもしれない。

一転、全員無罪へ

一九三五年六月二十二日より裁判が行われることになるが、前年秋の、『大阪朝日』（一九三四年十二月二十八日）の予審集結の日の報道は次のようなものである。

「三土、中島両氏始め十六名公判に付さる　背任、瀆職、偽証に分れ苦心に成る決定書　中島元商相、三土前鉄相と国務大臣の要職にあった二人までも起訴した空前の大疑獄といわれる帝国人絹背任瀆職事件……この大検挙は有罪となるか、無罪となるか、わが検察史上稀有《けう》の事態として注目されている」「周到なる手段で台銀幹部を動かす　河合、小林、長崎、永野氏ら聯携」「台銀に与えた百六十万円の損害　島田氏ら時の台銀当局に絡る　十万株不当廉売の容疑」「帝人株二百株を中島元商相に手交　高木から紙袋に入れて　商工大臣官邸の会見」「新聞包のままで株券を収受す　大久保元銀行局長」

「有罪となるか、無罪となるか」という扱いになっており、半年近くの間に当初の有罪扱いから変化していることがわかるが、犯罪事実が存在したかのごとき紹介が行われているのは明白であろう。

これが裁判開始の日の『神戸又新日報』（六月二十三日）の報道では次のようになっている。

「社会の注目の的は厳粛なる法の裁断！　供述を翻えした十六被告　未曾有の大疑獄図を描く

台湾銀行の担保として日本銀行の金庫内に蔵《しま》っていた帝国人絹株を繞《めぐ》り財界政界各界の一流人物が一攫巨万の富を追うて渦を巻き近世瀆職犯罪史上に特筆さるべき一大疑獄図を描き上げた所謂帝人事件は昨年十二月二十七日予審終結後約半歳その間第六十七議会で人権蹂躪問題として囂々の論議を生んで愈よ社会の注目を惹くに至ったが……在野法曹界の一流どころ五十二名の弁護人列席し異常な緊張裡に第一回公判の幕を切って落した、連坐の被告には前鉄相三土氏あり元商相中島氏あり元大蔵次官黒田氏ありその他の各被告も何れも財界の名士揃い而も検察当局は固く全被告の有罪を確信しているというのに被告は保釈出所後中島商相をはじめ殆んどこれまでの供述を翻えし事件を根底から否認し弁護士も法律的に無罪を主張し検察当局と激しく対立しているこれを正しこれを明かにするのはただこの公判の結果のみ……

傍聴者と被告と弁護士と裁判官とを合せると四百名からの頭数が詰め込まれているのだからさしもの大法廷もむっとするほど暑苦しく「被告の身分によって待遇に差別をつける謂れはない」という裁判長の信念から扇風器《ママ》も使用せず扇子の使用も禁ぜられているので日頃贅沢な生活に馴《な》れている被告にとってなかなか辛《つら》いらしく固い板張りの椅子に載せた腰は早くも痛くなりむずむずしだした」

「社会の注目の的は厳粛なる法の裁断」というふうに、当初の有罪の決め付けから「法の裁断」に論点が移行していることがわかるが、「日頃贅沢な生活に馴れている被告にとってなかなか辛いらしく」という報道姿勢には当初からの財界人攻撃の姿勢が残存していることがうかがわれよう。しかし、弁護人の強気の態度・弁舌が裁判の結末を予告するものでもあった。

その後、求刑・判決が近づいた一九三七年春の次の報道は事件と裁判の様子を的確にまとめたものとなっている。

「巨頭揃いの大裁判既に二百十五回　判決は今年末頃か　帝人公判トピック解剖

帝人公判は昭和十年六月二十三日、その第一回公判開始以来、回を重ねること実に二百十五回（三月二十七日現在）その長期間たることにおいて、登場人物が政界、財界、官界の最高峰を網羅せる点においてついに世界的レコードをなすに至ったが、如何にオリンピック景気の当世とはいえ、このレコードばかりは有難くない……

この際ちょっと同事件の発端に触れて見よう、大戦後好景気の波に乗った神戸の鈴木商店は事業の拡張拡張で台銀から三億五千余万円という巨額の金を借りた、その担保の一部として同商店経営の帝国人絹会社株券二十二万五千株が台銀に引渡された、ところが昭和二年のパニックで鈴木商店は没落し、そのそば杖《づえ》を食って台銀も苦境に立ったが、政府は一般財界を救済するとともに日本銀行を通じて特に台銀に巨額の融通をさせた、これで息を吹き返した台銀は貸付金回収のため鈴木商店や帝人の整理に手を出し前記二十二万五千株（帝人株の過半数）を取得して同社の実権を握るとともに右株中二十万五千株は日銀からの借金三千八百万円の担保の一部として差入れいい機会に処分して借金を返そうと待機していた、ここに現れたのが、河合、永野氏等の買受団だ、最初の肩替わり発案者藤田謙一《ふじたけんいち》氏と手を切った買受団は正力松太郎氏や中島男爵等の援護射撃を受けた結果（？）昭和八年五月三十一日ついに契約成立、「増資、増配、上場等の株価の騰貴原因となるべき諸条件を付して」一株百二十四円、十万株の大取引が成就したところが好事魔多しというか、この取引に不純の廉《かど》ありとして検察当局の活動となり、法網にかかったのはいずれも呑舟《どんしゅう》の魚で当時世人を呆然たらしめたものだ、その登場人物は――

台銀側　元頭取島田茂、元理事柳田直吉、元第一課長越藤恒吉、高木復亨
買受団側　元帝人監査役河合良成、旭石油社長長崎英造、元帝人取締役永野護、富国徴兵支配人小林中、元帝人取締役岡崎旭
大蔵省側　貴族院議員元大蔵次官黒田英雄、元同省特銀課長大野龍太、同事務官相田岩夫、同銀行検査官補志戸本次朗、同銀行局長大久保偵次
その他　男爵貴族院議員元商相中島久万吉、元鉄相三土忠造

以上十六名で三土氏の偽証を除き他はいずれも背任または瀆職で起訴された……さて事件が公判に移されると保釈を許されて健康を回復したハリきった各被告連は未決における拷問《ごうもん》事件、即ち灰皿事件、革手錠事件、南京虫事件をつぎつぎに暴露して検事に喰ってかかり「拷問による虚偽の陳述だ」と検事並に予審廷における供述を根本的に翻した……公判調書すでに三万枚、六万頁、今は根津〔嘉一郎〕、正力各務〔鎌吉〕氏等をはじめ女中、運転手などまで数十名の証人訊問も過半数を終ったが、つぎつぎに新証人が発表され、審理はいよいよ微に入り細を穿《うが》つ有様だ、ファッショ勢力の擡頭で斎藤内閣倒壊に利用されたと

か、買受団から除外された腹癒《はらい》せに藤田謙一氏がたくらんだとか等々いろいろに噂《うわさ》される帝人事件、掘り下げる程モヤモヤしたものが出て来る帝人事件、裁判長はこれを如何に裁くか、裁判長は今のところ全く虚心坦懐《きょしんたんかい》白紙の態度で公判に臨み真相追究に必死となっている、なお求刑は五月末、判決は今年末となるだろう」（『東京日日』三月二十九日）

自白の強要などが行われたのが明白になってきたので、相当被告たちのサイドに寄った報道となっていることがわかる。「ファッショ勢力の擡頭で斎藤内閣倒壊に利用されたとか」「掘り下げる程モヤモヤしたものが出て来る帝人事件」という状態となったのである。

一九三七年八月十二日が求刑の日であった。

「帝人事件求刑　辛辣な中にも情味　十六被告に全部懲役　中島男〔爵〕に一年、三土氏に六月　島田元台銀頭取には二年

一昨年六月二十二日第一回公判開廷以来三年にわたって波瀾重畳を極めた帝人事件公判もついに島田元台銀頭取、三土元鉄相、中島元商相ら以下十六被告全部に対し注目の求刑の日が来た……法廷満員、枇杷田検事は再び帝人肩代り運動を瞥見し三土氏の力添えを説き、さらに鳩山、正力氏らが謝礼をうけた事情を拉し来って三土氏に詰め寄れば同氏はキッと枇杷田検事を睨みつけて動かず……それぞれの求刑を行った、枇杷田検事は求刑後さらに起って被告弁護士に対し

検事局としてはこれまで論告において総てを明かにしたつもりで今後さらに追加論告をする必要はないものと思っている
とて弁護人の鋒先《ほこさき》を巧に避けんとしたが弁護人側はすかさず、論告内容の不明な点を追及……交々起って枇杷田検事と身分問題その他につき問答を重ね、またも異常な空気をはらんで……検事との間に公訴事実などをめぐってまたも烈しい質疑応答が繰返された」（『大阪朝日』八月十二日）

「弁護人側はすかさず、論告内容の不明な点を追及」「公訴事実などをめぐってまたも烈しい質疑応答が繰返された」など、弁護士が最後まで強気で反駁を加えていることがわかる。また、「三土氏に詰め寄れば同氏はキッと枇杷田検事を睨みつけて動かず」といった記述に、初期の報道を想起すると考えられないような変化が生じていることがうかがえるのであった。

こうして一九三七年十月五日まで二六五回の裁判が開廷された。そして、ほぼ全員が取り調べで自供していたのだが、公判で全員が否認、結局十二月十六日、全員が無罪という空前の裁判結果となった。

東京地方裁判所が全員無罪の判決を下したとき、判決文中には事件そのものが「空中の楼閣」であったことが明記されていた。「今日の無罪は証拠不十分による無罪ではない。全く犯罪の事実が存在しなかったためである。この点は間違いのないようにされたい」という驚くべきことを裁判長が語ったことも名高い。

また、戦後東京地検特捜部長となった河井信太郎《かわいのぶたろう》は次のように言っている。

「塩野季彦《しおのすえひこ》司法大臣の大英断により控訴を断念したが、検事が証拠品の検討を怠っていたことが無罪の致命傷になった。掛物によく描かれている、水の中の日影を猿が藤蔓《ふじづる》につかまってしゃくろうとしている画になぞらえて、影も形もないものを一生懸命にすくい上げようとしているのが検察の基礎であって、検察には争うことができなかった」（河井〔一九七九〕九頁）

また、三土忠造は裁判で次のような弁論を行っている。

「若し本件の如くに何等の根拠なきに拘らず、捜査権を悪用し、人間の弱点を利用し、事件を作為的に捏造《ねつぞう》して政変までも引起すことが許されるならば、内閣の運命も二、三の下級検事の術策に左右せられることになりますが、国家の為め是程危険な事がありませうか。実に司法権の濫用は「ピストル」よりも、銃剣よりも、爆弾よりも、恐しいのであります。現に此一事件に依って司法「ファッショ」の起雲を満天下に低迷せしめたのであります」（野中〔一九三五〕）

戦後、当時の警視総監藤沼庄平《ふじぬましょうへい》は、司法省行政局長塩野季彦が内閣倒壊のため仕組んだ〈陰謀〉と証言しており、平沼騏一郎の関与が言われることも多いが明確な証拠があるわけではなく、憶測に留まる。

新聞の無反省

無罪判決の日の『大阪朝日』「天声人語」（一九三七年二月十七日）は次のようなものであった。

「この事件は政界と財界と官界とにわたる複雑なる事件であって、その法律的審理が尽されたとしても、何か割り切れないものが国民の脳裏に残るのであり、部分的には疑雲のはれやらぬものがないとはいえないであろうが、それにしても法律によって罰するには無理であるのを、或る前提されたる観念をもって予《あらかじ》めこの事件に対したという印象が、司法ファッショの名をもって世間を恐れしめていたのである。

斎藤内閣の総辞職が国家にどれだけの損害をかけたかは、今日において計量し得る限りではないが、十六名の被告が全部無罪となり、一部には国家賠償の途《みち》があるとしても、その社会的、個人的の損害は到底補うことは出来ないのである」

事件発覚時に「暴露された株売買の裏面　驚くべき策謀と醜悪な犯罪事実　背任として最も悪質　検察当局の鋭いメス」と「犯罪」が存在したかのごとく書き立てた自らの責任には、まったく何の反省の言も報道事実についての確認もなかった。

「何か割り切れない」で始まり、自ら同調した検察を「司法ファッショ」などと糾弾して、「斎藤内閣の総辞職」にまったく無関係のごとく書き、「その社会的、個人的の損害は到底補うことは出来ないのである」としたのであった。

すなわち新聞は、当初検察に乗って財界・官界要人を激しく攻撃しておきながら、無罪となると今度は検察を糾弾、自ら内閣を倒したことには無関係を装い、損害に対する補償も無頓着のままやりすごしたのだった。新聞は政党攻撃を開始してから、田中義一内閣攻撃では天皇周辺・貴族院による倒閣を支えた形になり、五・一五事件裁判では陸海軍とともに世論を煽動するなどしてきたが、今度は司法官僚の「社会革正」と組み、無罪の人たちを攻撃し内閣を倒したのだった。

一九三四年に起きた事件の判決が三年後に無罪と出たとしても、内閣が倒れ、天皇機関説事件があり二・二六事件などがあった後では、人々の記憶が大きく修正されるものではないだろう。こうして、この事件は政党・財界の腐敗を印象づけ、正義派官僚の存在をクローズアップさせた事件として記憶に残るものとなった。言い換えれば、政党の後退と官僚・軍部の擡頭の方向へのマスメディアによるポピュリズムに大きくプラスした事件なのであった。

第10章　天皇機関説事件

天皇機関説事件とは何か

天皇機関説事件は、憲法学者美濃部達吉が大正期以来唱えた「天皇機関説」が、一九三五年に「国体明徴運動」の展開によって国体に反するものとして攻撃され、明治憲法の解釈として否定された事件である。

美濃部達吉は、天皇の統治権は最終的に法人である国家に属しており天皇はその法人である国家の最高機関である、とした。これは大きく言えば、大正期・昭和初期には正統学説となっており、これに対する上杉慎吉の天皇主権説のほうがマイナーなのであった。

第5章に見たように、ロンドン海軍軍縮条約締結（一九三〇年）に際して、反対する海軍軍令部・国家主義団体などの「統帥権干犯」を理由とする浜口雄幸内閣への攻撃は激しかったが、このときこの攻撃に対して、美濃部は浜口民政党内閣による条約締結が正当であることを擁護した。その結果、蓑田胸喜《みのだむねき》ら原理日本社グループによる美濃部への攻撃は以前から始まっていたのである。

さらに美濃部は、一九三四年、陸軍省新聞班が発行したパンフレット『国防の本義と其強化の提唱』を批判しており、当時貴族院議員となっていた美濃部は議会で帝人事件における人権侵害を批判する質疑を小原直《おはらなおし》法相に行ってもいた。菊池武夫《きくちたけお》はじめ斎藤実内閣を攻撃した側の議員からすると許されない存在だったわけである。また、帝人事件は財界グループや政府高官が攻撃された事件だったので（前章で述べたように、全員の無罪判決が出るのは一九三七年になってからである）、美濃部は「財閥・特権階級」を擁護する側の存在であり、弱者に冷たい人だとして批判されやすくなっていた。

したがって、一九三四年二月から翌年にかけて、貴族院・衆議院で美濃部を激しく攻撃する質疑が繰り返し行われはじめ、内務省に対して美濃部の著書の発売頒布禁止処分の要請もすでに行われていたのである。

機関説の政治問題化

一九三五年二月十八日、第六十七回貴族院本会議において菊池武夫は、美濃部の憲法学説・天皇機関説を「我が皇国の憲法を解釈いたしまする著作の中で、金甌無欠《きんおうむけつ》なる皇国の国体を破壊するようなものがございます」として「叛逆《はんぎゃく》的思想」「学匪《がくひ》」と攻撃した。松田源治文相も小原法相も学説の問題は学者の議論にまかせておくべきだとする趣旨の答弁を行ったが、三室戸《みむろど》敬光《ゆきみつ》（子爵）や井上清純《いのうえきよずみ》（海軍大佐・男爵）らは、憲法上統治の主体が天皇になくて国家にあるとすることは「緩慢なる謀反であり、明らかなる反逆になる」（菊池）とさらに攻撃した。

なお、菊池武夫はこのとき、二大政党の腐敗と地方農村の窮状を訴えており、弱者＝庶民の側から「貴族院勅選議員美濃部達吉東京帝国大学名誉教授」を攻撃するというスタンスは鮮明であった。演説原稿は蓑田胸喜が書いたと言われる。

貴族院で「一身上の弁明」を行う美濃部達吉
所蔵：毎日新聞社.

美濃部は二月二十五日、「一身上の弁明」を行い「国家の有する統治権を最高機関たる天皇が総攬《そうらん》し憲法の条規によって之を行う」という自らの国家法人説の正当性を強調した。

議場では拍手さえ起きたが、二十六日の『東京日日』の「日日だより」に徳富蘇峰が「天皇機関などと云う、其の言葉さえも、記者〔蘇峰〕は之を口にすることを、日本臣民として、謹慎す可きものと信じている」と激しく美濃部を攻撃した。蘇峰は三月十三日にも二十一日にも美濃部攻撃論を書いている。

二月二十八日、衆議院議員江藤源九郎《えとうげんくろう》（元陸軍少将）は美濃部の著書『憲法撮要』『逐条憲法精義』を不敬罪で東京地方裁判所検事局に告発した。政治問題化したのはこのころからであった。

全国的な運動へ

三月八日、機関説排撃の国民運動を展開するため、黒龍会の提唱で機関説撲滅同盟が結成される。天皇機関説の発禁と美濃部の「自決」が目標であった。

国家主義団体の主張は「自由主義勢力が……従来の地盤たる知識階級の圏外にも氾濫《はんらん》して国民思想の分野に圧倒的な支持を獲得するか、それとも国民大衆の意識化に伏在する伝統的国民感情が自由主義の反撃攻勢を押し返して、これに最終的打撃を与えるかの国民思想上重大な転機である」（「天皇機関説総批判」『維新』一九三〇年四月号）というものであった。彼らが問題を「知識階級」対「国民大衆の意識化に伏在する伝統的国民感情」の対立と捉えていることがわかる。問題は「国民大衆感情」を誰が味方にするかにかかっていることが自覚されていたのである。

当時の新聞報道の一つの代表的なものを見ておこう。

「猛然・反撃の烽火　美濃部博士の〝天皇機関説〟　軍都広島で市民大会開催
目下全国的に論議を捲起さんとしている美濃部博士の憲法論所載天皇機関説に対し軍都広島市では我が神聖な国体を無視するものとして第五師団司令部、広島聯隊区司令部、県市当局及び広島市各町総代代表、在郷軍人会、興国同志会、国防研究会、国防婦人会、愛国婦人会、広島商工会議所が共同戦線を張り官民合同市民大会を開催、全国に魁け第一声を挙げるべく、四日午後一時広島偕行社で前記関係代表者集合協議の結果国体擁護のため右学説の絶対排撃を目指して一大市民大会を開催することに決定した
なお大会は七日に開催の予定であるが、当日は軍部の意見である宣言決議を議決し美濃部博士及び関係当局へ急送することになっている、この国体擁護の市民大会は去就に迷う国民に対し一大警鐘となろうと見られている」（『大阪時事新報』一九三五年三月五日）

こうした議論が湧き出すなか、議会ではさらなる質疑・批判、貴衆両院の有志議員による排撃申し合わせなどが行われていったが、岡田首相はじめ政府は、「美濃部博士の著書の全体を通読すれば国体の観念に置いて誤りはないと信ずる、学説においては学者にゆだねるほ

か仕方ない」と答弁していた。しかし、野党政友会の攻撃の前に、ついに政府は「機関説には反対でその処置を慎重に考慮する」と述べるようになっていった。

三月二十日、貴族院は「国体の本義を明徴にする」ことを求める政教刷新建議を全会一致で可決、二十三日には衆議院も「政府は崇高無比なる我が国体と相容れざる言説に対し、直ちに断固たる措置をとるべし」との政友会・民政党・国民同盟の共同提案・国体明徴決議を全会一致で可決した。

議会終了後の三月二十九日、定例閣議で陸海両相は徹底的な排撃措置を首相に要求、小原司法相は字句の修正などをほのめかしたが、事態はその程度ですむものではなかった。

四月七日、美濃部は検事局に召喚され一六時間の取り調べを受けた。そして、二日後の九日、内務省は『逐条憲法精義』『憲法撮要』『日本憲法の基本主義』の三著の発売禁止、『現代憲政評論』『議会政治の検討』の二著の改訂を命じた。

そして、松田文相は国体明徴の訓令を発し、全国の各校長に、「国体の主義に疑惑を生ぜしむるが如き言説は厳にこれを戒める」ことを指示した。

四月六日、教育総監真崎甚三郎《まさきじんざぶろう》大将は機関説の排撃と国体明徴の訓辞を陸軍全体に通達したが、さらに十三日には南次郎関東軍司令官から同様の訓辞が出され、十五日には帝国在郷軍人会本部から陸軍省軍事調査部長山下奉文《やましたともゆき》の名による機関説排撃のパンフレット『大日本帝国憲法の解釈に関する見解』一五万部が全国に配布された。

こうして機関説排撃運動は全国的な運動として展開していったのである。

この美濃部攻撃が激化していったなか、例外的に美濃部擁護の論陣を張ったのが河合栄治郎《かわいえいじろう》東京帝国大学教授であったが、これに対し『大阪毎日』は次のように攻撃した。

「我が国体と自由主義者帝大教授河合栄治郎氏の謬論を駁す

……此頃の大学教授などの中の自由主義者の叫ぶ「言論自由」の内容を見ても、河合氏の所謂自由なるものが如何に乱暴至極なものであるかは大凡《おおよそ》明瞭である。即ち彼等の要求する処の言論の自由は、独創的なる研究発表の自由に非ずして、多くは西洋思想直訳の自由又は受売りの自由を要求するものであり。更に露骨に云えば滝川〔幸辰〕教授や美濃部博士の場合に於て見るが如く、自由の名をかりて国体破壊、祖国侮辱日本精神否定の言論を公許せよと要求するものである。……斯る人達の所謂「自由」が苟《いやしく》も日本国に於て許さるべきものであろうか。（自由主義者である大学教授に教育せられた青年子弟中より、既に如何に多くの国体呪詛者、刑務所入りの学生等を輩出せしめたるかを見よ）……

美濃部博士が其憲法学説に関する著書を三冊迄発売禁止の処分に附せられた事は、日本臣民として全く世上に顔向けもならぬ程の恥ずべき事柄であるに拘らず、敢て神明の照覧を恐れず。毫も自ら謹慎の風さえなくして「絶対に学説は変えぬ」などと放言しつつあるのは、実に許すべからざる不臣の行為と云わなければならぬ。されば若し美濃部博士にして今の内に其罪を悔いて翻然転向をしないならば、其不臣の罪は子々孫々にまで及ぶであろう事を注意して置きたい」（『大阪毎日』五月八日）

「重臣ブロック」排撃へ

議会で多数を擁しながら岡田内閣に閣僚を送っていない政友会が政府に批判的になるのは当然であったが、一九三五年五月には内閣審議会への参加を拒否して野党的傾向をさらに強めていた。そうしたなか、六月以降、久原房之助が「重臣ブロック」排撃と反欧米主義を掲げて党内での影響力を強めていた（柴田〔一九九九〕）が、以下はそうした攻勢を強めた記事である。

「政友会は重臣ブロック排撃、国体明徴問題につき党の態度を協議するため二十一日の臨時総務会で左の如く決定した

一、国体明徴問題に関しては院議の貫徹を期するため若干の実行委員を挙ぐること

一、二十日の幹部会席上、鈴木〔喜三郎〕総裁の言明した「重臣の退嬰《たいえい》思想打破」についてはその主旨を体し

（イ）国体の明徴、機関説の排撃（ロ）責任政治の確立（ハ）追随外交の排撃、自主的外

交の確立（二）積極方針による兵農両全主義徹底の大方針を貫徹することに努力し、もしこれに反するものあれば国家のためたとい重臣といえどもこれを排撃するに躊躇しないこと」（『大阪朝日』六月二十二日）

（ただ、久原派のような倒閣運動を含む強硬派勢力に対して、機関説問題の政治争点化を避けて岡田内閣との妥協を模索する勢力も存在していたことが官田光史《かんだあきふみ》の研究で明らかにされている。官田〔二〇一六〕。菅谷〔二〇一六〕）

こうして四月から七月にかけて在郷軍人会を中心に民間の運動として攻勢は続いた。四月九日に内務省が美濃部の著書の発売禁止などを決めた際、これを境にして内務省は排撃運動勢力への規制を強化していたのだが（菅谷〔二〇〇七b〕）、あまり効果はなかったのである。すなわち、民間が政府・官庁に圧力をかけるのであって、その逆ではなかった。

その場合、圧力の対象は必然的に文教政策を主とする文部省となる。文部省が体面を整えるために実施することはいつの時代も決まっている。国体に関する特別講習会、憲法制定についての憲法講習会、憲法資料展、憲法制定に携わった金子堅太郎《かねこけんたろう》の講演パンフレットの全国配布、国体明徴を目的にする国体講座の設置などが次々に報道されることになった（『東京日日』五月二十五日、七月九日、二十日、二十四日、『読売』七月十四日、一九三六年一月十九日）。

こうして「在郷軍人方面の排撃運動は益々熾烈となり」と言われるなか、政府は何らかの所信表明をするという圧力が高まっていることを感じざるをえなかった。民間の運動が政府を追い詰めたのである（『東京日日』七月六日）。

八月三日、政府は「国体明徴に関する声明」を発表した。「恭しく考えをめぐらせてみるに、我が国体は天孫降臨の際に下し賜える御神勅によって明示されたように、万世一系の天皇が国を統治され、宝祚の隆は天地と共に窮めなし。それゆえ、憲法発布の御上諭に「国家統治の大権は朕《ちん》がこれを祖宗より継承してこれを子孫に伝える所なり」と宣下され、憲法第一条には「大日本帝国は万世一系の天皇之を統治す」と明示されている。このように大日本帝国統治の大権は、厳として天皇に存することは明らかである」「もしそれ統治権が天皇に存せずして、天皇はこれを行使するための機関なりと為すが如きは、これ全く万邦無比なる我が国体の本義を愆《あやま》るものなり」と声明したのだった。

この第一次声明は美濃部学説排撃を回避しようとする政府側方針と五月の内閣調査局設置に基づき岡田内閣との協調関係の維持を模索していた陸軍側方針が合致した結果であったと見られている（滝口〔一九九〇〕）が、八月七日菊池らは声明排撃を決定、二十七日には在郷軍人会が天皇機関説絶滅決議を採択するなど攻撃はやまなかった。

このころ、政友会の全国大会で鈴木喜三郎総裁は次のように演説している。

「抑々《そもそも》国体の明徴に就ては、第六十七議会において、三派共同の決議が全会一致を以て院議となったことは、全国民の忠誠を表現したもので欣快に禁えぬ次第である……幸に我党が独自の態度を以て、或は政府を鞭撻《べんたつ》し、或は公論を喚起し、明確に機関説排除の根本声明を、為さしめねば已まぬとせる誠衷と努力とは、遂に政府をして反省自覚せしめ、最近声明発表の挙に出でたことは、君国の為め御同慶に堪えぬ次第である……政府が国体の根本義を正せる声明に基いて現在之に関する幾多の事項を如何に解決し、以て声明を空虚ならしめざるかは、是れ将来に属する責任である、私は君国の為に厳に之を監視するものである」（『中外商業新報』八月十六日）

「我党が独自の態度を以て、或は政府を鞭撻し、或は公論を喚起し」「全国民の忠誠」により声明を出させたことを成果としつつ、なお「厳に之を監視する」というのである。

九月十四日、美濃部は再び取り調べを受けたが、十八日に起訴猶予となった。機関説は出版法の「安寧秩序を妨害」する罪などに当たる疑いがあるが、情状を酌量し起訴猶予にするというのである。

このとき美濃部は貴族院議員を辞したが、「私の学説をひるがえすとか自己の著書の間違っていたことを認めたとか言う問題ではない」という「第二の弁明」を発表した。

この弁明は天皇機関説排撃運動団体をさらに激昂させ、一〇月八日、川島義之《かわしまよしゆき》陸相と大角《おおすみ》岑生《みねお》海相は再度の政府声明を岡田に要請したので、やむなく政府は十月十五日、国体明徴に関する声明を再び行うこととなった。「統治権の主体は　天皇にましまさずして国家なりとし　天皇は国家の機関なりとなすが如き天皇機関説」を否定し「天皇機関説を芟除《さんじょ》する」というのであった。

再声明後、陸軍中央は在郷軍人団体の規制に乗り出し、真崎、荒木ら皇道派首脳や右翼も政府への批判をようやく控えるようになる。これは排撃運動を継続することが倒閣運動と見なされることを恐れたためであると見られている（菅谷〔二〇一六〕）。

こうして天皇機関説問題は終熄《しゅうそく》する。しかし、機関説論者と見られた「現状維持派」の代表者牧野伸顕内大臣、一木喜徳郎枢密院議長、金森徳次郎《かなもりとくじろう》法制局長官は相次いで辞任することになる。

天皇機関説事件の意味

本事件を、司法省の報告書が「単純な学説排撃運動の域を脱して所謂重臣ブロック排撃、岡田内閣打倒運動へと進展し、「合法無血のクーデター」と評されている程、稀に見る成果を改め」、「其の本質は満洲事変以来擡頭した思想的社会的政治的革新運動の経過的な表れであった」としているのは名高い（社会問題資料研究会〔一九七五〕七六頁）。

今日の研究では、「クーデター」と言えるほどの成果を収めたかについては疑問も呈されている（菅谷〔二〇一六〕）。しかし、軍部に代表される革新勢力は満洲事変以来の「革新」の流れを前進させ政党内閣への復帰を阻止するため宮中の「現状維持」路線を突破することを目指していたが、その好個のターゲット的事件となったのが天皇機関説事件であったことは間違いない。その際、まず二大政党の腐敗と地方農村の窮状を訴え、弱者＝庶民の側から「貴族院勅選議員美濃部達吉東京帝国大学名誉教授」を攻撃する、という手法は見事なまでの大衆動員上の成功を収めたのだった。朴烈怪写真事件以来の天皇シンボルのポピュリズム的追求はここに頂点を迎え、それは平等主義に支えられつつ天皇周辺の国際協調主義的「重臣層」の窮迫化・弱体化につながっていったのだった。

第11章　日中戦争の開始と展開に見るポピュリズム
——第一次近衛内閣の時代

1　近衛人気とマスメディア

空前の人気を集めた近衛内閣

一九三七年六月四日、近衛内閣が成立する。近衛文麿首相の下、広田《ひろた》弘毅《こうき》外相、杉山元陸相、米内《よない》光政《みつまさ》海相という布陣であったが、内閣書記官長には風見《かざみ》章《あきら》が就任した。これは意外な人事と言われて注目された。組閣の際、組閣本部に呼ばれて会うまで風見は近衛と宴席で一度会っただけであった。

近衛のブレーンの後藤《ごとう》隆《りゅう》之《の》助《すけ》によると、組閣の半年前ごろに近衛と二人で組閣について相談した際、書記官長には誰がいいかという話になり、近衛から「風見というのは面白いやつだ。どうだろうか」という意見が出たという。「面白いやつだ。どうだろうか」という発想の近衛好みのサプライズ人事であり、またそれは人気という点で成功するのであった。

風見は、「見物席から舞台へ　型破りの大番頭　生れて初めてお役人」「微塵《みじん》の政治臭もないこの無冠の野人の革新イデオロギーがここに青年宰相の胸奥にピリリッと感応」「窓にドタ靴のせて　寝そべる野人翰長」「虫喰いモーニングで　野人翰長の晴れ姿　撒き散らすナフタリン臭」などと新聞に書かれて持ち上げられ、「公家」の近衛と好一対のコンビとして内閣を支えることとなるのである。

ここで後藤が近衛の提言で風見を入会させた昭和研究会について説明しておかねばならない。近衛と一高（旧制第一高等学校）の同級生であった後藤隆之助は、むしろ京都帝国大学在学中に近衛と親交ができ、卒業後さらに親しくなって一九二二年に近衛が全国の青年団員の醵金《きょきん》で建てた日本青年館の理事長になったときにこれに参画し、一九三三年の秋に、後藤が日本青年館を辞めて作ったのが昭和研究会であった（正式組織化は一九三六年）。

近衛は河合栄治郎を中心者に望んだが河合が受けずに蠟山政道《ろうやままさみち》を推薦したので、最初蠟山が中心となり三木清《みききよし》、東畑精一《とうはたせいいち》、笠信太郎《りゅうしんたろう》、高橋亀吉《たかはしかめきち》、中山伊知郎《なかやまいちろう》、三浦鉄太郎《みうらてつたろう》、大河内《おおこうち》一男《かずお》、杉本栄一《すぎもとえいいち》、那須皓《なすしろし》、加田哲二《かだてつじ》、平貞蔵《たいらていぞう》、高木八尺《たかぎやさか》、佐々弘雄《さっさひろお》、風見章、矢部貞治《やべていじ》、尾崎秀実《おざきほつみ》、宗像誠也《むなかたせいや》、清水幾太郎《しみずいくたろう》、林達夫《はやしたつお》、三枝博音《さいぐさひろと》、船山信一《ふなやましんいち》らがメンバーとなった。稲葉秀三《いなばひでぞう》、正木千冬《まさきちふゆ》、佐多忠隆《さたただたか》、勝間田清一《かつまたせいいち》、和田耕作《わだこうさく》ら、後に企画院事件で逮捕される企画院調査官らも加わっていた。昭和研究会は日本最初の本格的知識人ブレーン集団であった。中心人物として昭和期の教養主義を代表する自由主義者河合栄治郎を想定するなど、近衛の知識人としてのセンスのよさがよくうかがわれる企図であったが（近衛は河合のところにも蠟山のところにも後藤とともに依頼に訪れている）、このなかから企画院事件・ゾルゲ事件の逮捕者を出したことに象徴されるように、近衛周辺が「観念右翼」から「赤」視される原因ともなったのであった。

さてこの風見の件も含めて近衛内閣は空前の人気内閣であった。ここではそれを示す二点の文章を挙げておこう。

「一般の人気は湧く様であった。五摂家の筆頭である青年貴族の近衛が、総理大臣になったということが、何かしら新鮮な感じを国民に与えたのだ。殊にそれが林銑十郎のような憂鬱《ゆううつ》な内閣の後だったので、一層フレッシュな感じを近衛に対して抱かせた。……近衛があの弱々しい感じの口調でラジオの放送などすると、政治に無関心な各家庭の女子供まで、「近衛さんが演説する」といって、大騒ぎしてラジオにスイッチを入れるという有様だった」（矢部〔一九五二〕上巻、三八九～三九〇頁）

「近衛首相は、日本中に人気を湧かし、……日本一の家柄、西園寺元老のホープ、革新思想に富む新人、軍部中堅層に支持者を持つ人、颯爽《さっそう》たる美丈夫、まさに時局待望の首相としてジャーナリズムがもてはやし、国民が随喜した。内閣の一番番頭に新聞人をかかえたのだから、人気製造はお手のものだった。婦人子供からも渇仰された」(石射〔一九八六〕二九三頁)
そこで、こうした「近衛人気」がどのようにして形成されたのかについて分析していくことにしよう。日本の初期の大衆社会が生み出したポピュリストはどのようにして作り出されたのであろうか。
かなり広範なテーマなので、分析にあたっては、①「近衛イメージの形成」という内容の問題、②どのようにそれが広められたのかという「媒体」の問題、③誰がそれを好んで受け入れたのかという「受容層」の問題、の三つに分けて検討していくことにしたい。

近衛イメージの形成

近衛のイメージ形成には「華冑界《かちゅうかい》の新人」という言葉が象徴するように、昭和前期の日本の大衆の好んだ「モダン性」と「復古性」の両者が巧みに融合されているところに特色があった。

「モダン性」は都会の大衆をつかむ要素であるし、都会への憧れを抱いた農村部若年層をつかむ要素でもあるが、これだけではとくに農村部の中高年層を獲得することはできず、むしろ反撥さえ買う危険性が高いのである。「復古性」はその点で農村部を中心とした保守層を確実につなぎとめることができる要素である上に、何よりも強い政治勢力となっていた陸軍・国家主義陣営の支持を得るのに欠かせぬアイテムなのであった。

この時期のスター政治家になるにはこの両者を併せ持つ必要があったが、その点で近衛ほどの適任者はいなかったと言えよう。ただ、復古性は近衛の家柄からして当然想定されうることである。ここではモダン性のほうに焦点を当てておくことにしよう。

近衛のモダン性

モダン性は、①スターとしての近衛ファミリー・長男文隆《ふみたか》、②社会主義、の二つの要素に整理される。

①スターとしての近衛ファミリー・長男文隆

この点は、近衛のモダン性を示す最大の要素であったといってもよいかもしれないことが、一九三四年の近衛の訪米報道によくうかがえる。要点だけをまとめておこう。

「公爵は端然たる長軀《ちょうく》を肘掛け椅子に、うつらうつらとアメリカの夢をみていた」「公爵の生命《いのち》ともいうべき第二世プリンス文隆（二〇）君が、アメリカはニューヨークを距る急行列車で二時間、ニュージャージーのハイスクール、ローレンスヴィルに蛍雪の功を積んでいる

のだ」「ウィルソンが総長をやっていたプリンストン大学に入りますよ」（『読売』一九三四年四月二十一日）

「チョット北米の旅　豪勢な！　近衛公一家総動員　十日滞在で山登り」「しゃちこ張った社交は御免だ」と東部には行かずカナディアンロッキー山脈の中の山の町パンフに「逃れ」、「文隆君を呼寄せて一家水入らずでハイキングや登山で暮そうという趣向」（『東京朝日』一九三四年五月二十六日）

「近衛公は華冑界でも新人の聞え高き人、大方の御主人のように家庭の暴君じゃない、夫人も子供さんでも一家のことに関しては一切平等の発言権を許して完全な家庭デモクラシーを布いていられるのだ」（『読売』一九三四年七月九日）

「アメリカの旅を終えて父子〔留学中の長男文隆〕水いらずで帰って来た近衛文麿公……玄関には学習院在学中の通隆《みちたか》君、昭子《あきこ》さん、温子さんそれに令弟秀麿《ひでまろ》子〔爵〕の家族の一隊が「お土産だ」と待ち受けた」（『読売』一九三四年八月二日）

当時アメリカ風のライフスタイルをとっている家庭として、これだけ新聞に連続的に紹介された家庭はなかったといってよい。

こうして首相になった近衛夫妻は、山川菊栄《やまかわきくえ》から次のような評価を受けたのだった。

「近衛首相が週末休暇のために箱根へ出かけると、夫人は夫人で川奈《かわな》へゴルフに行ったという」。これが女学生に評判がよい。というのはこれまでの首相夫人は何人女中がいても自分で襷がけで掃除をするとか煮物をするとかで、そのたびに「老女校長が修身の時間にそれを持ち出して生徒をウンザリさせた」からだ。大臣といえば苦学力行、修身の見本のような人物ばかりと思われていたのに、近衛は昼寝をするなど役人の型を破り、「大分若いサラリーマンなどに受けがよかった」が、「今度は又、夫人が日曜には自由に遊びに出かけて、今までの大臣夫人のように、寝てもさめても夫への奉仕と糠《ぬか》味噌《みそ》の塩加減に専心していた貞女型を破って見せ、若い細君や娘さん達の中に人気の出そうな所を見せている。この点で、近衛夫妻はいかにも個人的自由をもつ近代的ブルジョアジーの趣味や家庭を代表したような感があり、ここらが多分に封建的色彩を留めた在来の役人の気風と比べて「清新」とか、「明朗」とかいわれる原因の一つでもあろう」（『読売』一九三七年六月二十四日）。

帰国した近衛父子を囲む家族
出所：『読売新聞』1934年8月2日.

　近衛人気は近衛ファミリーの「個人的自由をも

つ近代的ブルジョアジーの趣味や家庭を代表したような感」に大きく依拠したものなのであった。それが「女学生」「若いサラリーマン」「若い細君や娘さん達」に好まれるというのである。

そして、国民的注視を受けたのはなんといっても長男文隆であった。早くから「公爵と文隆さんは親子というより兄弟みたいな感じですね」(『読売』一九三四年四月二十一日)と書いた記事もあったが、近衛が首相になると、プリンストン大学に留学学中の文隆はNBCのラジオインタビューに出演、それはただちに日本に「〃我が父〃を放送　全米の感激　ニューヨークの近衛首相令息」と報道されるのだった。「文隆君は流暢な英語で」言った。父はいかなるときでも子供をそのときには叱らず、後から適当な人を通じて「柔かに諭《さと》して呉《く》れます」。また、関東大震災のとき、貨物列車に乗って軽井沢にやって来てくれた「父首相の家族に対する優しい思いやり」について話し、「全米国民に多大の感銘を与えた」(『朝日』一九三七年六月十七日夕刊)。

「柔かに諭して」「家族に対する優しい思いやり」がキータームなのである。軍国主義の時代に公家的なものがアメリカ型家族を通して提示されていたとも言えよう。

そして、文隆が帰国し、近衛が彼を秘書として使うと、以下のように新聞に載るのだった。「と、その後から近衛さんに負けないくらい背の高い青年が車を降りて来た。グレイの地に幅広い縞《しま》のある流行のダブル・ブレスト、ピタリと着こなして近衛家自慢の長男、アメリカから帰ったばかりの文隆（二二）君である。

政治学をやっている令息に官邸見学をかねてきょうの歴史的閣議の匂をかがせようとする近衛さんの親ごころである……長身を左右にふって歩きぶりまで首相にそっくりだ……アメリカ仕込みの颯爽たる身ぶりで自動車にのりこんだ」（『読売』一九三七年七月二十一日）

こうしてアメリカへ帰るとなればやはり写真つき記事となり、以後、アメリカでのゴルフの活躍ぶり、プリンストン大学を中退しての帰国、東亜同文書院学生主事としての上海行き、入営など、文隆の動静は新聞に載りつづけることになるのである。

「近衛家から兵隊さん」という入営記事は以下のようなものである。

「陸軍歩兵二等兵《ママ》近衛文隆君の入営……御曹子出陣の朝は日本晴れ！……長身を包んだ文隆君の頭はまだオールバック……万歳におくられ千代〔子〕母堂と同車して東京駅に向った……発車十分前にやっと父君文麿公がものものしい護衛つきでやってくる……文麿公は例の長身をこごめたまま笑いもしない……珍らしや親子三人晴れの旅立ちの描景である」（『読売』一九四〇年二月二十二日夕刊）

文隆は満洲で結婚、中尉昇進後にソ連軍の捕虜となり、七年間生死が定かでなかった。一九五二年十二月に突然生存の便りがあり、その後、千代子《ちよこ》夫人が訪ソする鳩山一郎首相に陳情したということが話題になったりしているが、一九五六年十一月十一日に「近衛文隆氏帰国の前に病死　急性ジン臓炎一〇月末、イワノヴォ収容所で」という記事が出て、死亡が確認されることになった。その後しばらくして駐日ソ連大使館員でアメリカに亡命したラストヴォロフがアメリカ上院で、近衛文隆はソ連のスパイになることを強要されたが拒絶したので殺されたと主張した。今日これは根強い説となっているが、最終的に確認されているわけではない。

ともあれ、戦前期に見られた過度のマスコミの脚光がソ連による彼の過大評価となり、長期にわたる拘束とその悲劇の死につながったのは間違いのないことだと言えよう。

②社会主義

社会主義、マルクス主義は当時の「危険思想」ではあったが、知識人世界ではそれに近い考え方がまだかなりの力を持っていたことも否定できない。やや前になるが、一九三四年の室伏高信《むろぶせこうしん》の「近衛公訪問記」では、誰もが自己の所属する集団の利益ばかりで全体的立場から考える人がいなくなったという話になり、近衛が「思想家とか評論家とかいう方」についてはどうかと室伏に聞くと、室伏は「みんなイデオローグで、批評家で、それから大体マルクス主義者で」と言い、それに対して近衛は「マルクス主義者のうちにはなかなか頭のいい人があるようですが」と言っているのである（『読売』一九三四年八月二十四日）。

したがって、当時なお社会主義的イメージは「進歩性」や「モダン性」の表出作用を果たすものとして存在していたのである。近衛が首相になったとき、山本有三《やまもとゆうぞう》は次のような文章を書いている。

「〔近衛が第三次『新思潮』にオスカー・ワイルドの『社会主義の下における人間の魂』を訳して載せ、発禁になったことに触れ〕今迄の総理大臣で社会主義の事を書き、また、それが発売禁止になったなどと云う経験を持った首相はほとんど無いのではないだろうか。……近年の首相では近衛さんだけの思想を持った総理大臣はほとんど見当らないと思う」（「時の人　近衛公を語る」『読売』一九三七年六月二日）

ここでは、社会主義的傾向があったことが「思想を持った総理大臣」ということを担保しているのである。

この近衛の社会主義への親和性は次のような誤報事件も生んだのだった。一九三七年六月五日の『朝日』に「近衛首相の声明」が掲載されたのだが、そのなかに「国内では社会主義に基く施設を出来るだけ実施することに努める」とあったのは「国内では社会正義に基く施設を出来るだけ実施することに努める」の誤りであったという訂正記事が六月六日夕刊に掲載されたのであった。〝近衛ならばこのくらいのことを言うかもしれない〟ということで校正を潜り抜けたようだが、それだけ近衛にはこうしたイメージが付きまとっていたということであり、また「進歩的」と見られていた『朝日』ならではの誤報であった。

近衛イメージを形成した媒体

次に近衛イメージ形成に大きな役割を果たした媒体について見ておきたい。①ラジオ放送、②レコード、③情報機関設置、の三つを見ておく必要があるだろう。

①ラジオ放送

近衛は一九三七年六月四日の組閣当夜、「全国民に告ぐ」というラジオ放送をしているが、これは史上初の試みであった。以下、要所要所でラジオ放送を行っている。ラジオというメディアの特性により、近衛の声が各家庭にまで浸透したことは二四四頁の引用に見たところである。一九三七年から三八年にかけてのものを以下に年表風にまとめておくことにしよう。

・一九三七年七月二十七日夜、第七十特別議会開会に際して「政府の所信」
・九月五日午後八時、第七十二臨時議会施政方針演説後「帝国政府の決意」
・九月十一日午後七時、「国民精神総動員大演説会」日比谷公会堂中継「時局に処する国民の覚悟」
・十二月一日、満洲国治外法権撤廃記念日——日満交歓放送
・一九三八年一月二十二日午後七時三十分　第七十三通常議会再開に際して「時局の新段階」

②レコード
これは一九三七年九月十一日に日比谷公会堂で開催された「国民精神総動員大演説会」のときの「近衛首相の大獅子吼《ししく》　演説　時局に処する国民の覚悟」（コロムビアレコード）が代表的なものである。だが、ラジオ放送の時代であるだけにそれほど多いわけではない。

③情報機関設置
一九三七年九月二十五日に内閣情報部官制が公布され、それまで各庁間の連絡調整などを主務としていた情報委員会が改組・昇格され、内閣情報部ができる。発足と同時に国民歌の募集を発表、十二月二十四日に内閣総理大臣賞が授与され、首相官邸大ホールで発表演奏会が挙行されたのが『愛国行進曲』であった。

そして、一九四〇年になって、「かねて新体制運動と並行して強力な政府情報機関による

情報活動と啓発宣伝の展開を構想していた近衛首相は、各省情報機関を統合して内閣情報部機構を強化することを重要政策の第一に採り上げ、昭和十五年八月十三日内閣情報部長に伊《い》藤述史《とうのぶふみ》氏を起用し、……八月十六日「内閣情報部機構改正について……速やかに、その実施を図ること」を閣議決定した」。こうして十二月六日に情報局官制が公布され、内閣情報局が実現に至るが、それは新聞、通信、雑誌、出版物、放送、対外報道・宣伝・文化工作、検閲、文書宣伝、対内宣伝・文化工作を一元的に管理する「わが国としては未曾有の大情報宣伝機関」であった。

一九四〇年八月十二日、原田熊雄は近衛から「陸海軍、外務のすべての情報部を統一して、内閣の情報部に纏め、情報部長には伊藤述史をする」（原田〔一九五〇～五二〕第八巻、三一一頁）と聞いているが、こうした機関の設置は著書『戦後欧米見聞録』（一九二〇年）でも見られるようにかねてからの近衛の持論なのであった。

近衛人気の受容層

最後に受容層について触れておきたい。

これは、①女性人気、②インテリ人気、③大衆人気の三つに分類される。

①女性人気

近衛の人気について語るとき、欠かせないのは女性からの人気である。これは「空前の人気を集めた近衛内閣」の項で紹介した二つの文章にも「女子供」「婦人子供」という形で、今日から見ると適切とは言えない表現ではあるが、紹介されていたものである。

それは「青年性」「若さ」という年齢的要因と、「長身」「美丈夫」などの「ヴィジュアル性」要因の二つから構成されていた。それらに関する記述はほかにも非常に多いのだが、代表的なものを列記しておこう。

「漆黒の髪に秀麗な眉、ゴルフで鍛えた五尺八寸のあの長身、春畝《しゅんぽ》伊藤博文《いとうひろぶみ》公についで歴代三十四代のうち二番目の若さを謳われる〝青年日本のホープ〟三十五代の公達宰相近衛文麿」（『読売』一九三七年六月二日）

「空は日本晴れ！　近衛さんの〝青春組閣街道〟

……午前十一時ネズミのソフトに鉄無地の単衣という瀟洒《しょうしゃ》な貴公子を乗せたクライスラーは組閣本部の裏門をすべり込む……〽空は蒼ぞら宰相は若い、と新聞社のテント村から谺《こだま》する……一時――付近のサラリーマンが昼の休みに組閣本部を遠巻きにする、若き宰相の顔が見たい――洋装の女の子まで犇《ひし》めいている、すぐそばの裁判所から検事さんまでが、口をあいて、……組閣室の窓を仰いで「近衛さーン、顔を出せーイ」街の人々は役者と心得

とる」(『読売』一九三七年六月三日夕刊)

とくに「女学生」からの人気の指摘は多い。

「薄陽の射した明治神宮参道に……青年宰相がその長身をモーニングに包んで現われた……丁度参拝に来合せた女学生の一団が二列に並んで先生の「礼!」という号令で丁寧に敬礼する、近衛さんは一寸《ちょっと》はにかみながらこれも丁寧な礼を返す……大した人気である」(『読売』一九三七年六月六日)

明治神宮で女学生に礼をしただけでこれだけの記事が書かれるのだった。そして、その背後にはやはり次のような現実があった。

「女学校に通っている私の姪《めい》がクラスの議会見学から帰ってきて、「近衛さんがモーニングで演壇に出たとこ、とても素敵だった。叔父さんの洋服姿なんか、だぶだぶしていて駄目よ」

と、私まで引き合いに出して近衛公を礼讃した」(石射〔一九八六〕二九三頁)

近衛以前にこのような形で評価された首相はいない。「ヴィジュアル性」の強調は映画に象徴される二十世紀大衆社会の大衆心理に即応したものと言ってよいであろう。とりわけ「長身」の強調は大正後期以降のアメリカ映画の浸透、ゲーリー・クーパーなどのハリウッド男性スターの人気の浸透によるものと見られる。

②インテリ人気——教養主義の時代

当時有数の知識人と見られていた近衛の人気は、教養主義の復権という時代状況に対応していた。大正初期に成立して強い影響力を持っていた教養主義は、大正後期からマルクス主義の登場で衰退したのだが、昭和十年代に河合栄治郎などによって再び復権してきたのであった。近衛の背後にはそうした教養主義的インテリ層の支持があったのである。それは驚くほどの渇仰ぶりであった。

まず、内閣が成立する前から次のようなことが言われていた。

「その内閣の特質は……いい意味でのインテリ的洗練味をもつところにあるのではあるまいか」（『読売』一九三四年一月八日）

「いい意味でのインテリ的洗練味」が最初から期待されていたのである。そして実際に成立すると、それは賛嘆の嵐に包まれたのであった。

菊池寛は言う。

「近衛内閣の出現は、近来暗欝な気持になっていた我々インテリ階級に、ある程度の明るさを与えてくれたことは、確かである。少くとも、日本に於ての最初のインテリ首相である。……

近来大臣の教養が低下し、浪花節的趣味と中学生位の思想の持主が、その位置を利用して、感想や意見を述べたりするのは、やり切れないと思っていたが、近衛さんなどは、その人達よりは学問も趣味も高級だから、文化日本の首相らしい言動が聞かれると思う」（『文藝春秋』一九三七年七月号）

「インテリ」であることから「ある程度の明るさ」ということが演繹されてくるのである。そして「教養が低下し」という認識があったからこそ（教養の復権があったからこそ）、「学問も趣味も高級」な「文化日本の首相らしい言動」が期待されたのだった。

またかつて近衛にインタビューした室伏高信も次のように期待している。

「近衛さん、私たちはお世辞なしにあなたにいうことができましょう、今の首相級といわれる人たちのうちで、インテリ階級が一番に好感のもてるのはあなただということを。……それだけに私たち文化人のあなたに望むところは……国民中の智的階級と手を携え、文化階級の輿望に裏切らないでもらいたいということである」（『読売』一九三七年六月二日）

こうして近衛は室生犀星《むろおさいせい》によって芥川龍之介《あくたがわりゅうのすけ》に擬されるのであった。

「〔軽井沢で食事をともにした〕芥川君は近衛さんから受けた感銘を大変褒めていたそうである、先年、私もはじめて近衛さんにお会いしたが、印象は甚だ颯爽たるところがあって芥川君の全盛期の風貌さえ想い出したくらいだった。……〔上眼づかいに若い猛々しさが見えていたが」芥川君もよくこういう鋭い眼付をしていたことを私は覚えていた。……街頭で号外をよんだ私は私と同じように号外をよんでいる往来の人を見て、其顔になにやら無邪気な愉快そうな表情を見取ったのである。そして人びとは近衛公が公がと親戚か何かのように云っていた。……近衛文麿というでかい活字を見るとたちまち一天晴れ上った感じだった」（『読売』一九三七年六月三日）

また、後藤隆之助の組織した昭和研究会は日本最初のブレーントラスト集団と言えるが、その存在自体がまた、近衛の知的存在を浮かび上がらせるものとして機能したのだった。平林《ひらばやし》たい子《こ》は言う。

「公の周囲には新進大学教授などを網羅したブレーン・トラストが組織されているという噂だから、きっと、教養のある合理的な人にちがいない」（『読売』一九三七年六月二日）

こうして、近衛は「近衛公ぐらい多くの知識人の支持を得た政治家はないと言っても過言ではあるまい」（長尾〔一九七九〕あとがき一頁）と言われるほどの空前の「教養主義的首相」となったのだった。

③大衆人気——相撲・大衆作家

次に大衆人気の獲得に寄与したものを見ておきたい。その最も顕著なものは相撲であった。

近衛の相撲見物の記事は非常に多い。大相撲本場所記事の代表的なものを挙げておこう。

「近衛公現る！　場内に政変の興奮湧き　呆然一番仕切直し
　十日目の午後四時過ぎ突如灰色の鳥打帽旧訳に黒いマスクで半面を覆って近衛公が現れたそして十数名の記者写真班がこれに従い厳重な木戸止を突破してなだれ込んだものだ、警官が走る、人ごみの中で協会の係員が狼狽する、忽ち起るカメラ群の乱射乱撃仕切っていた太刀若と富野山があっけにとられて仕切り直し——満場の視線悉くこの騒ぎと近衛公に集注された」

「大命何れに降下するか全国を大きな？が包んでいた二十四日の夕、春場所十日目の国技館に土俵ではまだ立ち上がってもないのに突然。ワー。と大鉄傘を揺るがす喚声があがった。—喚声の的は土俵ではなくて正面桟敷《さじき》の一角、釣鐘マントにハンチング姿の貴公子がその的——その時まで大命降下第一候補の近衛公がヒョッコリ現れたのだ　「僕は双葉山《ふたばやま》が好きでしてね」と素知らぬ顔——贔屓《ひいき》の双葉が勝って公がニッコリと立ち上って帰ろうとすると「ウワー、総理大臣！」とまた鉄傘下は大騒ぎ」（『読売』一九三七年一月二十五日）

　近衛人気と相撲人気・双葉山人気が相乗効果を発揮するのである。またこうした記事はスポーツ欄に掲載されるので、政治面を読まないような大衆的レヴェルにまで近衛人気が認知されるという点で重要なのである。

また近衛は原稿を『キング』『日の出』などの大衆雑誌に書くことが多く、これも近衛人気に非常に貢献していた。とくに、当時人気の時代小説『富士に立つ影』の作者として知られる作家白井喬二《しらいきょうじ》のような人と対談するなど、何よりも大衆に近い人という印象を持たれることに成功する要因となっていた（「時の人近衛公と国士的作家白井氏の鉄塊相膊つ一問一答、これぞ本書独特の大読物!!」『読売』一九三四年九月十一日）。

こうして、最新のメディアを駆使しながら、本来持っている「復古性」に大きな「モダン性」が付加され時代の要請を統合的に活かし、女性・知識人・大衆とあらゆる層に受容されながら近衛人気は作られていったのだった。

2　戦争の拡大

盧溝橋事件と首相官邸会合

第一次近衛内閣が成立した一九三七年六月四日の約一か月後に盧溝橋《ろこうきょう》事件が発生し、それは日中全面戦争へと発展していく。近衛は結局、第一次内閣の間、この戦争に追われることになるのである。戦争は、近衛のような教養主義者と言われた人にとっては最も取り扱いの難しい問題であったが、問題の本質はむしろ前節のようなポピュリズム的性格で成立した内閣が、戦争にいかに対処したかというほうにあるだろう。

日中両軍が北京郊外の盧溝橋で最初に衝突したのは一九三七年七月七日であった。翌々日の九日に開かれた臨時閣議では「不拡大」「現地解決」の方針が決められており、近衛内閣の最も初期の動きは決して拡大主義ではなかった。

しかし、蔣介石が直系の中央軍を北上させるという知らせが入った十日には、武藤章《むとうあきら》参謀本部作戦課長の下で、関東軍・朝鮮軍の応急派兵と内地三個師団の動員派兵案が作成され、不拡大論の中心人物石原莞爾《いしはらかんじ》参謀本部作戦部長も、不測の事態を考えるとこの派兵案を吞まざるをえなかった。派兵案は、七月十一日の臨時閣議で承認され、派兵声明が決められる。派兵声明は、中国側の非をなじり、「今次事件は全く支那側の計画的武力抗日なること最早疑の余地なし」として、「排日侮日行為に対する謝罪」などを要求したものであった。

さらに、午後九時から首相官邸で言論機関代表、貴衆両院代表、財界代表と、協力要請のための会合が三〇分おきに開かれた。いきなりこのようなものを開催したのは、史上初めてのことであった。

これは、風見章書記官長のアイデアであり、近衛がすぐに諒解して実現したことであった。それは「政府の態度強硬なりとの印象を内外に示す」ために行われたことであり（北河ほか

〔二〇〇八〕二二～二四頁）、近衛が「対外強硬姿勢」によって内閣の人気浮揚を目指したことは否定できぬところであろう。そして発案者はもと新聞人の風見章なのであり、ここには典型的なマスメディア操作型のポピュリズムが見られると言ってよいであろう。

　翌日の新聞は一斉に「挙国協力一致対処　政府、昨夜各方面と懇談」（『読売』七月十二日）、「挙国一致の結束成る　政府の方針遂行に協力」（『朝日』七月十二日）と書きたてたのである。

「〝一致の決意だ〟全日本の心臓！

日本の言論界、政界、財界を代表する首脳部の乗りすてた車が首相官邸の前庭を埋めつくした、新聞社、放送協会の幹部が階下の大食堂へ消える　貴衆両院を牛耳る顔触れが、財界浮沈のバランスを握るお歴々と踵を接して階上二室の客間へ隣り合せに額をあつめる……首相は葉山からのフロック姿で階下から階上へ三つの室を順々に「夜中にも拘わらず……」といつに変らぬ声音が頼もしい。首相は官邸へ集った日本の三つの心臓へ「挙国一致」の活をいれた、三つの室の静かな興奮がただ一つの焔となって燃えあがった、挙国一致の巨きな情熱が烈々と炬火の勢いを見せる」（『読売』一九三七年七月十二日）

　石射《いしい》猪《い》太郎《たろう》外務省東亜局長は、この日の朝の閣議で杉山陸相から出される三個師団動員案を外相の力で否定してくれという陸軍省軍務局からの使者にあきれたが、広田外相に否定を進言、ところが賛同したはずの広田は閣議であっさりと動員案に同意して退出してきたので失望していた。その後、夜になり首相官邸に「行ってみると、官邸はお祭りのように賑わっていた。政府自ら気勢をあげて、事件拡大の方向へ滑り出さんとする気配なのだ。事件があるごとに、政府はいつも後手にまわり、軍部に引き摺《ず》られるのが今までの例だ。いっそ政府自身先手に出る方が、かえって軍をたじろがせ、事件解決上効果的だという首相側近の考えから、まず大風呂敷を広げて気勢を示したのだといわれた。冗談じゃない、野獣に生肉を投じたのだ」(石射〔一九八六〕二九七頁)。

「首相側近」が風見書記官長を指すことは間違いないところであろう。風見は、近衛の先手論の先手を取ったのか、危険な戦争型ポピュリズムの道に日本を導いたのであった。

もちろん事態の展開はそれほど単純ではない。その後、この動員案はすぐに実施されたわけではなく、現地では解決の機運も見られたりしたのだが、七月二十五日に北平《ほくへい》(北京市の旧称)と天津の中間の廊坊《ろうぼう》で、翌二十六日には北平広安門で日中両軍は衝突、結局支那駐屯軍は最後通牒を発した上で二十八日から全面攻撃を始め、華北での戦争は引き返すことのできない局面へと広がっていった。

さらに、揚子江沿岸の日本人約二万九〇〇〇人が上海までの引き揚げを完了した八月九日、海軍陸戦隊の大山勇夫中尉が中国保安隊に射殺されるという事件が起き、海軍は上海に新たな艦艇を送り陸戦隊も増強、中国側も中央軍を投入し、八月十三日から日中両軍の本格的衝突が始まった。戦線は華北から華中へと広がり、全面戦争へと発展していったのである。

しかし、現地で交渉をまとめていた今井武夫少佐は次のように言っている。

「私らにすれば現地で交渉が妥結するというときに、出兵を決定されたことは致命的だったのです。また私どもの協定ができたということは東京に報告もしたし新聞社の電報も届いているわけですけれども……風見書記官長……は新聞記者出身ですから、ジャーナリズムの利用が上手なんです。すぐ各界の代表を集めて、大いに日本はやるのだといった。それがすぐシナ側に反響して「いよいよ日本はやるそうだ、これはたいへんだ」というので硬化しちゃった」（安藤〔一九七二〕中巻、九四頁）

現地の和平の努力を「新聞記者出身で」「ジャーナリズムの利用が上手な」「風見書記官長」を軸とする内閣が潰して戦争を拡大させていった面は、やはり否定できないのである。

トラウトマン工作の失敗と「対手とせず」声明

一九三七年七月十一日、戦争の拡大を案じた石原莞爾参謀本部作戦部長は近衛・蔣介石直接会談を提案し、過労で腸を患っていた近衛は医師・看護婦を連れて南京に行くと決意を示したが、風見章書記官長、広田弘毅外相が反対し挫折する。七月二十四日には近衛の和平の使者宮崎《みやざき》龍介《りゅうすけ》が神戸で憲兵隊に逮捕された。そしてついに不拡大論の石原作戦部長が九月に関東軍参謀副長に左遷される。

その石原がきっかけを作っておいたのが、ドイツの駐華大使トラウトマンを通した和平交渉であった。十一月二日、広田・ディルクセン(独駐日大使)会談に始まり、十二月十三日の南京陥落を経て、十二月二十一日に閣議で決定される。

しかし、国民政府の首都南京陥落の結果、その和平条件は「賠償」「保障占領」などを加重した厳しいものになってしまっていた。それは「世論の圧力」によると広田外相が認めている。

すなわち、十月一日の四相(近衛首相、広田外相、杉山陸相、米内海相)による「支那事変対処要綱」では比較的穏やかなものであったのが、十二月十四日の大本営政府連絡会議での「和平条件」は、「国民の期待」「国内の要求」「かかる条件にて国民はこれを納得すべきか」(北河ほか〔二〇〇八〕三五頁)と言わざるをえないようなものになった、というのである。

この十二月十四日の大本営政府連絡会議では、多田駿《ただはやお》参謀次長(石原派)が「日支戦争の無用と、その如何に日支両国民に取りて不幸なるかを説きて声涙ともに下る」、という状況であった(北河ほか〔二〇〇八〕三四頁)。

この問題の決着がついたのが一九三八年一月十五日の大本営政府連絡会議であった。多田参謀次長ら参謀本部側が和平工作継続を主張し、陸海外相が打ち切りを要求、激論となり対立したのである。

広田外相は「参謀次長は外務大臣を信用せざるか」とまで言い、米内海相も統帥部が外相に対して不信というなら「政府は辞職の外なし」と言ったのである。多田参謀次長は「明治大帝は朕に辞職なしと宣えり」と言って抗したが、近衛首相が陸海外相に荷担し、一月十六日「爾後国民政府を対手とせず」声明が発表され、和平工作は頓挫したのである（堀場〔一九七三〕一三〇～一三二頁）。

問題は、このとき、広田外相らはどうしてこれほど和平交渉打ち切りに熱心であったのか、ということにあるが、この点についてもこの政権のポピュリズム的性格が大きく関係していたのであった。文相だった木戸幸一は次のように言っている。

「「トラウトマン」和平交渉は、おそらく日支事変においての和平実現のチャンスのあった最終の重大な機会であったと思われるに不拘《かかわらず》「広田外相があの時どうしてあのように強気に交渉打切の態度に出たか一寸考えられないことで、もっと粘ってもよかったのではないかと思うが、その理由として一つ考えられることは、一月二十日から議会が再開されるので、議会では必らず論議に上るこの和平問題を議会対策としてその再開前に早く結論を出して置こうと考えたのではなかろうか」（木戸日記研究会〔一九八〇〕四五六頁）

多田駿も同じ推測をしている（戸部〔一九九一〕一四三頁）。すでにこの工作のことがある程度新聞などに洩れつつあったので、和平工作をしたこと自体が議会で追及される恐れがあり（すでに想定問答集ができていた）、こうした批判・追及をかわすためにも、強硬な声明が必要となったわけである。

また、これを中国側が暴露・発表することも警戒されていた。木戸によると、「近衛首相の最も心配し居られしは、支那が右の交渉を拒絶し而《しか》して其条件を議会開会中に逆宣伝に使用」することなのであった（木戸日記研究会〔一九八〇〕二九八頁）。

また木戸は、この声明は「蔣〔介石〕との交渉をそれ程つっぱねてしまうというよりも、新興勢力と手を握ってやることとの方に重点が置かれた積りであったと思う」として「内閣書記官長の風見章氏も記者的性格の持主で構想をまとめることの上手な人で、支那の新興勢力と手を組むとの一つの夢を議会で打出そうとしたのではなかったかとも推測している」（木戸日記研究会〔一九八〇〕四五六頁）。

議会・世論を考えたからこそ和平工作は潰れ、強硬な声明が出され、戦争は拡大していったのだった。逆に言うと、議会と世論が弱ければ和平工作は成功していたかもしれないというのが実相なのであった。ここにポピュリズム的政治の危険性が明確に見て取れると言えよう。近衛内閣はポピュリズムによって成立し、ポピュリズムによって戦争を拡大し、泥沼に追い込まれたのであった。

第12章　第二次近衛内閣・新体制・日米戦争

米内内閣の成立経緯

一九三七年に始まった日中戦争は泥沼のまま、第一次近衛文麿内閣（一九三七年六月〜三九年一月）後、平沼騏一郎内閣（一九三九年一月〜八月）、阿部信行《あべのぶゆき》内閣（一九三九年八月〜）と続き、一九四〇年一月十六日、阿部内閣が崩壊した。武藤章陸軍省軍務局長は近衛に再組閣を説得したが、近衛は経済問題を理由として拒否した。まだやる気になれなかったのである。

この間、近衛が受けないので湯浅倉平《ゆあさくらへい》内大臣は原田熊雄、岡田啓介による米内光政内閣工作を開始した。岡田、平沼、清浦奎吾によって米内が推挙された。湯浅、原田は石渡荘太郎《いしわたそうたろう》を内閣書記官長にした。湯浅は原田を抱きこみ、近衛、木戸幸一を陸軍に近い革新派と見て阻害したと見られる。それは親英米派重臣層の最後の反撃の内閣なのだった。

この米内内閣で最初に問題になったのは、「支那事変処理」を批判した一九四〇年二月二日の斎藤隆夫《さいとうたかお》反軍演説であった。

三月七日、除名可否投票が行われ、賛成二九六、反対七、棄権一二一、欠席二三で斎藤は除名となった。その後、除名活動を行った議員を中心に三月二十五日にできたのが聖戦貫徹議員連盟であったが、これも一つの因子となり新体制（新党）運動・「新党結成」の動きが開始される。近衛文麿と後藤隆之助が考えたのは、既存政党とは異なる全国民に根を張った国民組織を作り、その団結・政治力を背景として強力な挙国的政治体制を確立し軍部を抑え支那事変を解決する、という構想であったという。それをもって、一国一党的政党を結成し、強力な政治指導を実現することを目指したというのである。

この方向に荷担したのが、まず有馬頼寧《ありまよりやす》（第一次近衛内閣農相）と木戸幸一であった。五月二十六日、近衛、木戸、有馬は新党の申し合わせをする。

この背後に、風見章（第一次近衛内閣書記官長、「新体制」命名者）、矢部貞治（近衛ブレーン、東京帝国大学法学部教授）、後藤隆之助（昭和研究会）、社会大衆党（三輪寿壮《みわじゅそう》）、革新官僚らがいた。実働部隊となるのは革新官僚で、岸信介《きしのぶすけ》（商工省官僚、満洲国産業部次長兼総務庁次長で産業合理化を推進）、奥村喜和男《おくむらきわお》（逓信省官僚、電力国家管理案を主張）、毛里英於菟《もうりひでおと》（大蔵省、満洲国を経て計画経済による東亜共同体の結成を主張）、美濃部洋次《みのべようじ》・迫水久常《さこみずひさつね》（商工省・大蔵省。戦争のための財政膨張から来る統制実務に従事）らがいた。

六月一日、湯浅内大臣が病気で退任せざるをえなくなり、米内首相は若槻礼次郎を後任に希望したが、木戸が内大臣に就任することになる。湯浅は米内内閣を作った人であり、親英米派重臣層の重大な後退であった。

もうこのころには、政友会の中島派、久原派、民政党という既成大政党の三大会派は浮き足立ちはじめていた。

ドイツのヨーロッパ制覇と新体制運動

こうしたなか、ドイツのヨーロッパ制覇が電撃的に行われ、「バスに乗り遅れるな」と言われる時代に突入することになる。

一九三九年九月、独ソ両国によるポーランド分割後、ドイツ対英仏のヨーロッパ戦線は「奇妙な戦争」と呼ばれる非戦闘状態が続いていた。むしろ、十一月から翌年三月に至るソ連のフィンランド侵略戦争のほうが注目を浴びていた。

一九四〇年三月、英仏は四月八日を期してノルウェー領海内に機雷敷設を決定。四月九日、ドイツ軍はノルウェー全土を急襲、二日間で首都オスロはじめ主要都市はドイツ軍の手に落ちた（正式降伏は六月）。同時にデンマークの首都コペンハーゲンも占領され、デンマーク政府はドイツの保護下に入った。

五月十日、ドイツ軍は北仏・オランダ・ベルギー・ルクセンブルクに侵入。五月十三日、オランダ女王はイギリスの駆逐艦でイギリスに脱出し、十四日にオランダ軍は降伏した。五〇万のベルギー軍が国王とともに降伏したのが五月二十八日。ベルギー政府は翌日ロンドンに亡命した。

五月二十六日から六月三日の間、北仏ダンケルクに追い詰められたイギリス遠征軍をはじめとする同盟軍約三四万の、英国本土への脱出が行われた。六月四日、ベルギー・フランダース包囲戦が終わり、ドイツ軍は一二〇万の捕虜を獲得。一二四個師団のドイツ軍が西部戦線で攻勢を開始。六月十日、イタリアが英仏に宣戦布告する。

六月十四日、ドイツ軍はパリに入城。ボルドーに逃れたフランス首相レイノーは十六日に辞任し、後継のペタンは翌日から休戦交渉を開始。二十二日、コンピエーニュの森でそれは調印された。

オランダは五日間、フランスは四〇日間でドイツに降った。ドイツのヨーロッパ支配、ドイツ軍の英国本土上陸は時間の問題と見る者も少なくなかった。また、本国が崩壊した蘭印

(オランダ領東インド)、仏印(フランス領インドシナ)など「南方諸問題」の解決がしきりに言われることになる。

例えば、『大阪朝日』は連日のように独伊の優勢とイギリスの劣勢を論じた。七月十三日の「大転換必至の我が外交　日独伊提携・現状打破外交へ」と題された記事の結論は次のようになっている。

「現在の帝国外交を左右するものは日本独自の存立ならびに民族発展の必然的欲求と「ドイツが圧倒的に勝った」という客観的事態とがあるのみである。……全体主義的独裁王であるヒトラー総統の軍事、経済、外交を総纏めにした戦争遂行の方式――これこそ世界の各国に最も大きな暗示と覚醒とを与えていると言っても決して過言ではない……旧来の対英米依存外交の思想とその残滓《ざんし》はここに完全に揚棄され、帝国外交は世界大変革の現実の前に急速なる大転換を断行するのに必要に迫られている、かかる帝国外交転換の実現に直面しては従来の親英米論者と英米依存主義者の発言が迫力のないものとなるであろうことは、これまた運命の必然であろう……世界大変革の大渦の真只中に、東亜の現状打破とその新秩序建設に向って長期推進せんとする日本と欧洲の再建に向って現状打破の大業に邁進しつつある独伊とが、世界新秩序偉業の前にその関係をいよいよ緊密化して行くのは必然の姿であり、……決して一つの外交論でなくして、帝国外交現実の姿である」(『大阪朝日』一九四〇年七月十三

日）

こうして、「ヨーロッパ戦局の急速なる進展は、今や我が英米追従外交の革命的転換を要求している」「政府は速かに対外国策を根本的に転換し積極的攻勢外交を展開すべし」「世界及び東亜新秩序建設のため日独伊枢軸を強化すべし」とする社会大衆党中央執行委員会の政府への要請書に典型的に見られるように、米内内閣の「英米追従外交」をどの政党も批判し、「対外国策」の「根本的」「転換」を迫ったのであった（『朝日』一九四〇年六月二十一日夕刊）。

したがって、海軍の実松譲《さねまつゆずる》のように米内に近かった人は、米内内閣の倒壊を次のように見ている。

「欧州におけるドイツの一時的な成功に幻惑され、いわゆる東亜新秩序を、一気に実現しようとするファッショ的風潮が、一時に堰《せき》を切って流れ出していたと見るべきであろう」（実松〔一九七一〕一六六頁）

また、外務省情報部長須磨弥吉郎《すまやきちろう》は次のように語っている。

「その後には、新体制で待っていた近衛内閣が生れるのだが、組閣に先き立って、松岡〔洋右〕、東条《とうじょう》〔英機《ひでき》〕、吉田《よしだ》〔善吾《ぜんご》〕の三人〔実際には近衛を加えて四人〕がまず枢軸参加の下相談をした。意見が一致したと発表された。それゆえ、この内閣は早急に枢軸に入るのだと知られた。

こうしてみると、米内内閣の倒れたのも、近衛内閣の生れたのも、ヒトラーの戦運が物凄い勢で開けて行く時に際しては、日本は躊躇なく枢軸側につかねばならぬという外交理念に依ったのだ」（須磨〔一九五六〕一八一～一八二頁）

この点、武藤章軍務局長と近かった矢次一夫《やつぎかずお》は次のように語っている。

「近衛の新党構想が、二転し三転している間に、パリが落ち、イタリアが参戦し、イギリスが、ダンケルクの悲劇で四苦八苦して、明日にも独軍の対英上陸ができそうだ、という欧州大戦の発展は、連日の新聞紙上、日本国内にまで、一大戦勝ムードを作り上げた。日本人の常として、忽ちこのムードに酔い、昂奮したり、熱狂して、「バスに乗りおくれるな」という叫びが、いたるところで、わめき立てられた。……独軍の対英上陸作戦の可能性は、みな、手に汗を握る思いで、今日か、明日か、と片唾《かたず》を呑んでいた。こうした激動する状況の中で、西園寺〔公望〕が、いかにヒットラーが偉くとも、十五年つづくか、続かぬかの問題だ。……まだまだ前途は、わからぬ、といっていたことが、「原田日記」（六月十七日）にのっており、さすがは西園寺と、いまにして思うけれども、当時駐英大使であった重光〔葵〕や、大使館付武官であった辰見英一〔辰巳栄一〕大佐が、独軍の上陸作戦は、制空権をもっていないとか、チャーチル首相の強力な抗戦計画などを理由に、不可能に近いことを打電して来ていたのを、武藤が読んで、情勢は慎重に見るべきことを、語っていたのが思い出される。

しかし、このような達見の士は、極く少数であり、沸き立っている大衆の耳からは遠く、かすかであった。……これを批判したり、水を掛けるようなことを言うものは、袋叩きに会うのである。……武藤も、軍務局長として、政府と軍部との連絡役という立場で、いろいろと調整に努めてはいた。しかし、ドイツ大勝に煽られ、バスに乗りおくれるな、という大衆の昂奮や、参謀本部将校団の焦燥感とが、相乗作用を起こすし、沸き立つような「反米内」の風潮の中で、次第に戸迷いを見せていた」（矢次［一九七九］下巻）

この気運のなか、六月二十四日、近衛は「新体制確立運動」のため枢密院議長辞職を発表、事実上の出馬表明であった。

七月六日、近衛はブレーンの矢部と軽井沢で会談した。新党は「職能的国民組織」を基礎とし、そのなかから優秀な人材を集めて中核体を作り「挙国的な国民運動」を展開する、という方針にした。内容は明確でないが、中身よりドイツの電撃的勝利による気運に後押しされて、近衛自身もはや引き戻せないのである。

そして、この中身のない気運だけの新党運動にすべての政党が慌てて、それこそ「バスに乗りおくれるな」と合流し、解党していくことになる。この言葉の初出は『朝日』（六月二日）のようだ。

六月十九日東方会、七月一日日本革新党、七月六日社会大衆党、七月十六日政友会久原派、

七月二十一日日本労働総同盟、七月二十六日国民同盟、七月三十日政友会中島派と続き、最後まで残った民政党も八月十五日に解党する。

第二次近衛内閣の成立

こうしたなか、このポピュリズムの嵐の前に一九四〇年七月十六日、米内内閣は倒れ、七月二十二日、第二次近衛内閣が成立する。まず、新党問題のほうを先に見ていくと、明確な組織性のないまま走り出した近衛は何か作らざるをえず、八月二十八日、新体制準備会を作る。陸軍はドイツのナチ党のようなものを作ろうとして参画してきているのだから、方向はほとんど反対であった。

その後、せめぎあいの結果、十月十二日、大政翼賛会が発足する。近衛が演説したが、綱領のようなものは何もなく、「綱領は大政翼賛、臣道実践という語に尽きる」「これ以外は実は綱領も宣言も不要」として関係者を唖然とさせた。ナチス・ドイツのヨーロッパ制覇という気運と、それを礼賛するマスメディアによって作り出されたポピュリズムのみに依拠した団体に、理念も目的もないのは当然であった。

いや何もないのではなく「新党結成」という理念・目的があったと言う人もいるかもしれない。しかし、それは何らかの政策を実現させるための手段なのであり、理念・目的ではありえない。この「新党結成」のような手段が理念・目的のように語られるのが、繰り返される日本的ポピュリズムの特質とも言えよう。

次に外交のほうを見ていこう。七月十九日、近衛首相に東条英機陸相、松岡洋右外相らを加えた荻外荘《てきがいそう》会談が開かれて「日独伊枢軸の強化」が決められ、七月二十七日の「世界情勢の推移に伴う時局処理要綱」へとつながる。そこでは、南方問題の解決のため「武力行使」もありうることが決められたが、独伊との結束強化、ソ連との関係の「飛躍的調整」も決められたのである。

南方問題については「政治勢力の意志が全く統一されていない」「同床異夢」の「にわか作りの抽象的作文」であったが、九月の北部仏印進駐につながる。

独伊との結束強化とソ連との関係調整については、九月六日の四相会議を経て、九月七日に来日したシュターマー特派公使による〝ドイツは日ソ親善の「正直な仲買人」になる〟という誘導があり、「リッベントロップ腹案」(日独伊ソ協商案。米の参戦防止、日ソ親善の確立、米独戦争の場合も日本の自動参戦条項なし〔海軍の反対理由が消滅〕)による日独伊三国同盟の九月二十七日の調印となる。

これも、ポピュリズムに乗っかった近衛、松岡による電撃的条約成立であった。しかし、国際政治にポピュリズム的アクロバットは通用しない。十一月十三日、リッベントロップ独外相がソ連のモロトフ外務人民委員に日独伊ソ四国協商案を提起し、十一月十二、十三日、ヒトラーもモロトフに日中関係調整を独ソの任務として示唆したが、十一月二十六日、モロトフはこれを事実上拒否。十二月十八日、ヒトラーは対ソ戦準備を発動する。〝ドイツは日ソ親善の「正直な仲買人」〟ではなかったのである。

日米開戦への道

最後に、この後に来る日米交渉・日米開戦を、近衛首相と松岡外相という二人のポピュリストを通して見ておきたい。

一九四一年四月十三日、日独伊ソ四国協商が進展しないことを見た松岡外相は、ソ連との関係を固めるため、スターリンとの間に日ソ中立条約を締結する。しかしこの間、基本的に松岡抜きで行われた日米交渉で四月十六日、日米諒解案が成立する。

帰国して本格的にこれを知った松岡は激怒して対案を出さず、ようやく五月十二日になって対案を提示するが、これに対する六月二十一日のアメリカの回答オーラル・ステートメントは厳しいものであり、何よりも交渉の阻害者として松岡の除外を示唆していた。

七月十五日、近衛首相は、オーラル・ステートメントに対し、陸海軍務局長が中心になって作成した案をもとに電訓をしようとしたが、松岡は国辱的なオーラルステートメントを拒否する電訓を打ってから陸海軍務局長案を打つ、と言い出した。近衛はこれを排し、同時に打つように言ったが、松岡は聞かずアメリカへ拒否電訓を先に発してしまった。

七月十六日、松岡外相を辞めさせるため第二次近衛内閣は総辞職し、十八日、第三次近衛内閣が成立する。

こうして、近衛・松岡関係は一応一つの決着がついたのだが、もう南部仏印進駐に進みはじめていたこの時点では、日米関係はマクロに言えばほとんど戦争に向け後戻りできない状態になりつつあったと言わざるをえないであろう。

その意味では近衛と松岡の関係が決定的なのであった。この二人のうち、近衛のポピュリストぶりについては近衛内閣成立のときにすでに記した。ここでは松岡のことを書いておこう。

側近で外務省顧問として松岡外相を支え続けた斎藤良衛《さいとうりょうえ》は、このころの松岡のことを次のように書いている（斎藤〔二〇一二〕二七八頁）。

「彼のねらった後盾の一つは……民衆の世論の力だった」「世論政治家をもって自任した松岡は、社会大衆の人気をあつめるにつとめた。事実、彼は人気とりが上手で、当時の政治家中彼ほど世間に人気のある者はなかった。……彼の行くところ、沿道人垣を築くことは珍しくなかった」。松岡の演説は大盛況だった。とくに一九四一年春、欧ソ歴訪の旅を終えて帰国した後の日比谷公会堂での第一声は「近衛をはじめ当時の政治家ひどくこきおろし」（斎藤〔二〇一二〕三一六頁）、人気は高まった。

そして、松岡はついには国民的人気を背景に近衛内閣に代わる「松岡内閣」まで構想するに至っていた。それは、松岡首相、秋田《あきた》清《きよし》内相、大橋忠一《おおはしちゅういち》外相らというものであった。

松岡のアクロバティックな外交は国民の好むところだったのであり、それは指導者と大衆の合作によるポピュリズム外交の典型だった。だから近衛による松岡の更迭は、一人のポピュリストによる他のポピュリストの放逐なのであった。ただし、この時点では、残ったポピュリストはもう現実政治家としてそのポピュリスト性を薄めつつあったのではあるが。ともあれマクロに言うと、すでに述べたように戦争への道はほとんど引き返すことができないものになっていったのである。日本はポピュリスト・ポピュリズムによって歩みはじめた道を歩きつづけ、最後の破局のゴールにもポピュリスト・ポピュリズムによって到達したのであった。

おわりに

劇場型大衆動員政治の誕生と展開

日比谷焼き打ち事件に淵源を持ち、選挙による政権（加藤高明内閣）の成立と普通平等選挙制実現により本格化し、最後は日米戦争に行き着いたのが近代日本のポピュリズムであった。

この普通平等選挙制が実施された時期は、政治資金をめぐる不正がさまざまに行われ、また、そうした不正を大々的に暴き報道されることが大きなダメージになるので、暴露合戦が相互に活潑に行われた。なかでも「遊廓」の移転問題や陸軍機密費問題など、大衆の目を引きつける要素が多い問題はきわめて熱心に追及された。それは頻繁に報道され、こうした疑獄・買収・乱闘など政党政治の問題点は広く国民に知れ渡った。そして普通選挙を控え、政策的要素よりも大衆シンボル的要素のほうが重要性が高まっていたため、朴烈怪写真事件というヴィジュアル要素の強い事件はとりわけ大事件となっていったのだった。

そのなかで、天皇・皇室の政治シンボルとしての有効性を察知した政党人たちは、以後これを多用し、統帥権干犯問題から天皇機関説事件に至る天皇シンボルのいっそうのポピュリズム的・政治的利用を行う。

一方、そうした政党政治のいま一つの弊害としての官僚の「政党化」により日本社会は分極化し、「天皇」を中心にして「警察」（さらに広く言えば「官僚」「軍隊」）のような中立的と見られた勢力による社会の統合化が、地域から、国民の側から望まれる構造ができあがっていった。一種の「天皇親政型中立主義」を待望するムードが作られ、政党内閣から非政党内閣への変貌が、むしろ望まれてしまったのである。要するに「党利党略」に憂き身をやつす（と見られた）政党政治への「嫌悪感」が、「非党派的」＝「中立的」と考えられたもの（天皇・官僚・警察・軍部など）の擡頭を導き出したのだとも言えよう。

そして、満洲事変も五・一五事件も、言い換えると戦争やテロも耳目をそばだてるものとして、マスメディアによる絶好の「劇場型大衆動員政治」の機会・舞台となった。「事変」によるそれは比較的よく知られているが、五・一五事件の場合は、むしろその裁判の報道のほうが「劇場型大衆動員政治」の格好の素材になったのだった。こうして「軍部」や「近衛文麿（新体制）」が導き出されていったのである。昭和の初期以来、一貫して新聞の部数の伸びたことは、両者が相即の関係であったことを証している（図参照）。

すなわちこの時期、ポピュリズム的普選期政党政治はその弊害から嫌悪され、次に中立的な「天皇親政」的ポピュリズムの時代に入っていき、近衛文麿人気のようなものも生まれていったのである。

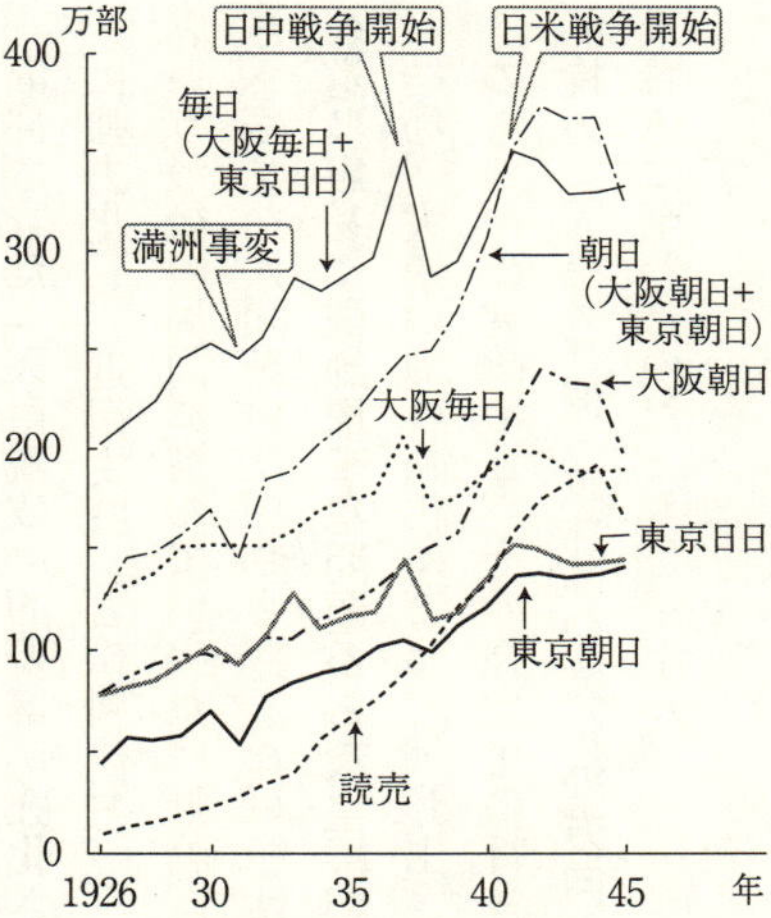

図　戦前期の新聞の部数
出所：朝日新聞百年史編修委員会〔1995〕，川上〔1979〕，読売新聞100年史編集委員会〔1976〕をもとに作成された，佐々木〔1999〕354頁の図を微修正．

一九三七年の近衛内閣の登場は、「一般の人気は湧く様で」「時局待望の首相としてジャーナリズムがもてはやし、国民が随喜した」のであった。こうして時代は普選期政党政治型のポピュリズムから、近衛的昭和十年代型ポピュリズムへと変遷していき、戦争を迎えることになるのである。

渇仰された「天皇親政」的要素が強化されるなか、軍部や革新官僚などがその中立性のゆえに強力化し、近衛文麿（と松岡洋右）というポピュリストがその上に乗っかって日米戦争という最後の局面に進んでいった。無論、これらが戦争への道のすべてではなく、そこにはさまざまな人間がおり、さまざまな可能性があったのだが、大きくはこうして進んだ戦争への道は容易に引き戻せないものとなっていったのである。

結局、大衆の力の強化によって押し出され、大衆の意志の産物として現れた、大衆の代表そのものの政党政治と、その強力化の行き過ぎの是正としてこれまた強力に求められた中立的権力（天皇・官僚・軍部）の強化の方向という、大きく二つのポピュリズムをたどって日米戦争に至ったのだとも言えよう。

政党政治の「行き過ぎ」が生んだ大政翼賛会

最後にこれを日本の立憲政治の問題について触れて総まとめとしたい。

まず、マスメディアは普選開始期、政党政治の批判をするばかりで、それを積極的に育成しようとはしなかったということが問題である。彼らは「末期症状」「頽廃」というような言葉ばかりを使った報道をして、政党政治に対する「幻滅」の意識を国民の間に広め、強めていった。

とくに民政党の成立により政友会とともに二大政党政治が開始されようとした肝腎なときに、新聞は期待感の表明がなかったわけではないが、むしろ『朝日新聞』も『東京日日新聞』(今の『毎日新聞』)も、政党政治の現状の批判に大きなエネルギーを注いでいたのである。馬場恒吾は「政権獲得意識のみで生きる政党、政治家」に失望感を表明し、吉野作造は両党の現状に失望し無産政党に期待する、ということを主張したのであった。

そして、この無産政党が伸び悩むと、マスメディア・知識人たちは「既成政党批判」のまま、今度はより清新と見られた「軍部」や、あるいは「近衛文麿・新体制」などを、状況を打破するものとして期待していくことになったのである。

しかし、「既成政党批判」と「清新な力への渇仰」が招いたのは、結局は大政翼賛会という名の「政党政治の崩壊と無極化」であった。戦前のポピュリズムが招いた国内政治における最後のものは大政翼賛会だったのである。「政党政治」が「足りなくて」大政翼賛会に行きついたのではない。「行き過ぎて」それを招来したのだ。

そうしてみると考えなければならないのは、二度にわたるポピュリズム政治を体験した現実を見据え、それを超克する、新たな自由で民主主義的なデモクラシー思想の基礎を確立する方途であろう。

憲法に基づいた政治=立憲政治とは自由な民主主義の政治であり、それは議会政治・政党政治である。政党政治は、議院内閣制においては、政党が政策を実現するために、議会における多数の獲得を目指し、政策を選挙民に訴えつつ、反対党と政争を行う政治である。それは政策を実現するために他派と不可避的に闘争・競争・合従連衡などを行う。ところが、日本社会ではこれらをすべて「党利党略」として忌避し、批判する傾向が強い。これは、「徒党」を組むことを禁じ、競争を嫌った江戸時代以来の政治文化に由来する面もあるが、明らかに普選期政党政治への批判から現れた近衛的な昭和十年代型ポピュリズムの生み出したものと言えよう。

「出たい人より出したい人」とは大政翼賛会の選挙のスローガンであったが、今日でも無党派層的なものの希求にはこうした傾向が強い。戦前の二度目のポピュリズムのまま、われわれは現代に至っていると言えるかもしれない。

普選期政党政治に見られた買収・供応・汚職などはもちろん厳しく禁じられるべきであるが、選挙や議会における支持者の増大や獲得、そのためにさまざまな方策が用いられるのは当然のことであり、それに寛容でなければ政党政治は維持できない。最初のポピュリズムにより現れた戦前の政党政治への反撥から導かれた、二度目のポピュリズムによる「既成政党批判」「無極化」傾向のまま今日に至り、日本ではマスメディアによる「既成政党批判」と「支持政党なし」がいつも多数という世論調査結果が繰り返されているのである。

そして、マスメディアでは、政党政治・議会政治を充実させることよりも、政党政治を補完する方策のほうが先に考えられるというような傾向すらよく見られるのである。繰り返すが、それは、結局「軍部」「官僚」「警察」「新体制」などを導き出したのである。立憲政治の国日本の民主主義をさらに発展させるためにはこうした政党政治観を抜本的に改めなければならない。現代政治を規定している二度目のポピュリズム政治の産物を見直し、改革していく方途を具体的に導き出すことこそが今日何よりも考えられなければならないことなのである。

あとがき

書き終えて、何か溜まっていたものが晴れた非常にすっきりとした思いである。昭和前期と現代とのアナロジーというようなことがよく言われる。しかし、本書の結論部までお読みの読者にはおわかりいただけることと思うが、政党政治に関する限り、昭和前期の蓄積の最終局面の上にそのまま乗っかっているのが現代日本なのである。この点をよく知っていただかねば治まらない気持ちだったので、本書を書いてようやくすっきりしたというわけである。

この昭和前期の最終局面の上にそのまま乗っかっている現代日本政治が向かうべき基本的方向については「おわりに」に記したが、具体的方策については本書を読了した読者自身に考えていただきたい。その場合基礎となるのは、第8章に書いたが、自由主義者清沢洌が説いたように日本のマスメディアの知的向上であり、その前提としての統計など正確な資料報道の重視である。それが良質でオープンな議論を確保し、多元的な政党政治を生み出すもとだからである。

そして、マスメディアに対して批判・攻撃をするばかりでなく、よいマスメディアを育てていくのも、政党政治を育てるのと同じく国民がなさねばならぬことだという認識が広く必要であろう。

執筆に際しては、筆者の『昭和戦前期の政党政治』『満州事変はなぜ起きたのか』『近衛文麿』などの旧著および新聞などに書いた旧稿を利用したところがあり、重複する箇所ができたことをお断りしておきたい。内容上致し方なかったが、あちこちにばらばらに書いたものが違う一つの文脈にまとめられると別の新たな意義を帯びてくるのがむしろ驚きであった。

出版にあたっては、中央公論新社の小野一雄氏と横手拓治氏に大変お世話になった。特に中公新書編集部の小野氏には原稿の整理・編集・チェック等全般にわたり全面的にお世話になった。深甚なる謝意を表したい。

二〇一七年十二月

筒井清忠

参考文献

麻田貞雄『両大戦間の日米関係——海軍と政策決定過程』東京大学出版会、一九九三年
朝日新聞百年史編修委員会編『朝日新聞社史　資料編』朝日新聞社、一九九五年
『安達謙蔵自叙伝』新樹社、一九六〇年
有竹修二『昭和の宰相』朝日新聞社、一九六七年
有竹修二著（下巻は有竹修二・今村武雄共著）、昭和大蔵省外史刊行会編『昭和大蔵省外史』全三巻、昭和大蔵省外史刊行会、一九六七～六九年
粟屋憲太郎『昭和の歴史6　昭和の政党』小学館、一九八八年。初版、一九八三年
安藤良雄編著『昭和政治経済史への証言』全三巻、毎日新聞社、一九七二年。初版『昭和経済史への証言』全三巻、毎日新聞社、一九六五～六六年
五百旗頭真編『日米関係史』有斐閣ブックス、二〇〇八年
池井優ほか編『浜口雄幸日記・随感録』みすず書房、一九九一年
伊沢多喜男伝記編纂委員会編『伊沢多喜男』羽田書店、一九五一年
石射猪太郎『外交官の一生』中公文庫、一九八六年。単行本、読売新聞社、一九五〇年
石上良平『政党史論　原敬歿後』中央公論社、一九六〇年
伊藤隆『昭和初期政治史研究——ロンドン海軍軍縮問題をめぐる諸政治集団の対抗と提携』東京大学出版会、一九六九年
伊藤隆・佐々木隆「鈴木貞一日記——昭和八年」『史学雑誌』第八七編第一号、一九七八年一月
伊藤隆・広瀬順晧編『牧野伸顕日記』中央公論社、一九

九〇年
伊藤隆「第三章　中間内閣と政党内閣」、井上光貞・永原慶二・児玉幸多・大久保利謙編『日本歴史大系16　第一次世界大戦と政党内閣』普及版、山川出版社、一九九七年所収
伊藤隆『大政翼賛会への道――近衛新体制』講談社学術文庫、二〇一五年。初版『近衛新体制――大政翼賛会への道』中公新書、一九八三年
伊藤正徳『軍縮？』春陽堂、一九二九年（一九二九a）
伊藤正徳編『加藤高明』全二巻、加藤伯伝記編纂委員会、一九二九年（一九二九b）
伊藤正徳『軍縮読本』中央公論社、一九三四年
伊藤正徳『大海軍を想う』文芸春秋新社、一九五六年
伊藤之雄『大正デモクラシーと政党政治』山川出版社、一九八七年
伊藤之雄『昭和天皇と立憲君主制の崩壊』名古屋大学出版会、二〇〇五年
井上敬介『立憲民政党と政党改良――戦前二大政党制の崩壊』北海道大学出版会、二〇一三年
井上準之助論叢編纂会編『井上準之助5　伝記』原書房、一九八三年
井上寿一『危機のなかの協調外交――日中戦争に至る対外政策の形成と展開』山川出版社、一九九四年
『宇垣一成日記』全三巻、角田順校訂、みすず書房、一九六八～七一年
臼井勝美『満州事変――戦争と外交と』中公新書、一九七四年
臼井勝美『満洲国と国際連盟』吉川弘文館、一九九五年
内田康哉伝記編纂委員会・鹿島平和研究所編『内田康哉』鹿島研究所出版会、一九六九年
大阪朝日新聞経済部編『昭和金融恐慌秘話』朝日文庫、一九九九年
大島太郎「帝人事件」、我妻ほか〔一九七〇b〕所収
大島美津子「松島遊廓移転事件」、我妻ほか〔一九七〇a〕所収
岡義武『日本近代史大系5　転換期の大正　1914―1924』東京大学出版会、一九六九年
岡田啓介著、岡田貞寛編『岡田啓介回顧録』中公文庫、一九八七年。単行本、毎日新聞社、一九七七年
緒方貞子「外交と世論――連盟脱退をめぐる一考察」『国際政治』第四一号、一九七〇年四月
小川平吉文書研究会編『小川平吉関係文書』全二巻、みすず書房、一九七三年
奥健太郎『昭和戦前期立憲政友会の研究――党内派閥の

分析を中心に』慶應義塾大学出版会、二〇〇四年
尾崎行雄『民権闘争七十年——咢堂回想録』講談社学術文庫、二〇一六年
風見章『近衛内閣』日本出版協同、一九五一年
片岡直温『大正昭和政治史の一断面——続回想録』西川百子居文庫、一九三四年
片山慶隆『日露戦争と新聞——「世界の中の日本」をどう論じたか』講談社選書メチエ、二〇〇九年
河井信太郎『検察読本』商事法務研究会、一九七九年
河井弥八『昭和初期の天皇と宮中——侍従次長河井弥八日記』全六巻、高橋紘ほか編、岩波書店、一九九三～九四年
河合良成『帝人心境録』アジア書房、一九三八年
河合良成『帝人事件——三十年目の証言』講談社、一九七〇年
川上富蔵編著『毎日新聞販売史　戦前・大阪編』毎日新聞大阪開発、一九七九年
川田稔『浜口雄幸——たとえ身命を失うとも』ミネルヴァ書房、二〇〇七年
川田稔『満州事変と政党政治——軍部と政党の激闘』講談社選書メチエ、二〇一〇年
川人貞史『日本の政党政治１８９０－１９３７年——議会分析と選挙の数量分析』東京大学出版会、一九九二年
官田光史『戦時期日本の翼賛政治』吉川弘文館、二〇一六年
『北一輝著作集１　国体論及び純正社会主義』神島二郎解説、みすず書房、一九五九年
北岡伸一『日本の近代５　政党から軍部へ』中央公論新社、一九九九年
北河賢三・望月雅士・鬼嶋淳編『風見章日記・関係資料１９３６－１９４７』みすず書房、二〇〇八年
北田悌子『父浜口雄幸』日比谷書房、一九三二年
木戸日記研究会校訂『木戸幸一日記』全二巻、東京大学出版会、一九六六年
木戸日記研究会編集校訂『木戸幸一日記——東京裁判期』東京大学出版会、一九八〇年
木下尚江「日かげの女王」『新紀元』第四号、一九〇六年二月
木下直之『戦争という見世物——日清戦争祝捷大会潜入記』ミネルヴァ書房、二〇一三年
許世楷「朴烈事件」、我妻ほか〔一九六九〕所収
清沢洌『不安世界の大通り』千倉書房、一九三一年
清沢洌「松岡全権に与ふ」『中央公論』一九三三年五月

号
久原房之助伝記編纂会編『久原房之助』日本鉱業、一九七〇年
栗原健編著『対満蒙政策史の一面――日露戦後より大正期にいたる』原書房、一九六六年
小泉又次郎『普選運動秘史』平野書房、一九二八年
古島一雄『一老政治家の回想』中央公論社、一九五一年
後藤孝夫『辛亥革命から満州事変へ――大阪朝日新聞と近代中国』みすず書房、一九八七年
後藤春美『上海をめぐる日英関係　1925～1932年――日英同盟後の協調と対抗』東京大学出版会、二〇〇六年
ゴードン、アンドリュー「日本近代史におけるインペリアル・デモクラシー」岡本公一訳、『年報・日本現代史』第二号、一九九六年
『近衛文麿清談録』新版、伊藤武編、千倉書房、二〇一五年
小林道彦・高橋勝浩・奈良岡聰智・西田敏宏・森靖夫編『内田康哉関係資料集成』全三巻、柏書房、二〇一二年
『小山完吾日記――五・一五事件から太平洋戦争まで』慶應通信、一九五五年
小山常実『天皇機関説と国民教育』アカデミア出版会、一九八九年
小山俊樹「「協力内閣」構想と元老西園寺公望――犬養内閣の成立をめぐって」『史林』第八四巻第六号、二〇〇一年十一月
小山俊樹『評伝　森恪――日中対立の焦点』ウェッジ、二〇一七年
斎藤子爵記念会『子爵斎藤実伝』全四巻、斎藤子爵記念会、一九四一～四二年
斎藤良衛『欺かれた歴史――松岡洋右と三国同盟の裏面』中公文庫、二〇一二年。単行本『欺かれた歴史――松岡と三国同盟の裏面』読売新聞社、一九五五年
坂井景南『英傑加藤寛治――景南回想記』ノーベル書房、一九七九年
酒井哲哉『大正デモクラシー体制の崩壊――内政と外交』東京大学出版会、一九九二年
『桜内幸雄自伝――蒼天一夕談』蒼天会、一九五二年
酒田正敏『近代日本における対外硬運動の研究』東京大学出版会、一九七八年
佐々木隆「挙国一致内閣期の政党――立憲政友会と斎藤内閣」『史学雑誌』第八六編第九号、一九七七年九月
佐々木隆『日本の近代14　メディアと権力』中央公論新

社、一九九九年。改題『メディアと権力』中公文庫、二〇一三年
指原安三編『明治政史』慶応書房、一九四三年。初版、冨山房、一八九二〜九三年
佐藤元英『昭和初期対中国政策の研究――田中内閣の対満蒙政策』増補改定新版、原書房、二〇〇九年
実松譲『米内光政――山本五十六が最も尊敬した一軍人の生涯』新版、光人社、一九七一年
幣原喜重郎『外交五十年』中公文庫、一九八七年。単行本、読売新聞社、一九五一年
柴田紳一「「重臣ブロック排撃論者」としての久原房之助」『國學院大學日本文化研究所紀要』第八三輯、一九九九年三月
社会問題資料研究会編『所謂日比谷焼打事件の研究』社会問題資料叢書、東洋文化社、一九七四年（司法省刑事局『思想研究資料』特輯第五〇号、一九三八年の複製）
社会問題資料研究会編『所謂「天皇機関説」を契機とする国体明徴運動』社会問題資料叢書、東洋文化社、一九七五年（司法省刑事局『思想研究資料』特輯第七二号の複製）
城南隠士『政界夜話』東治書院、一九三三年
季武嘉也『大正期の政治構造』吉川弘文館、一九九八年
菅谷幸浩「岡田内閣期における機関説問題処理と政軍関係――第二次国体明徴声明をめぐる攻防を中心に」学習院大学大学院政治学研究科『政治学論集』第一八号、二〇〇五年三月
菅谷幸浩「帝人事件と斎藤内閣の崩壊――昭和戦前期「中間内閣」期研究の一視角として」『日本政治研究』第四巻第一号、二〇〇七年一月（二〇〇七a）
菅谷幸浩「天皇機関説事件展開過程の再検討――岡田内閣・宮中の対応を中心に」『日本歴史』第七〇五号、二〇〇七年二月（二〇〇七b）
菅谷幸浩「帝人事件から国体明徴声明まで」、筒井〔二〇一六〕所収
鈴木喜三郎先生伝記編纂会編『鈴木喜三郎』鈴木喜三郎先生伝記編纂会、一九五五年
須藤重男『国難来と新国防』教育研究会、一九二四年
須磨弥吉郎『外交秘録』商工財務研究会、一九五六年
角岡知良「非常時の非常時犯」『文藝春秋』一九三三年十月号
関静雄『ロンドン海軍条約成立史――昭和動乱の序曲』ミネルヴァ書房、二〇〇七年
高橋勝浩「資料翻刻・解題「出淵勝次日記」（二）――

大正十二年〜十五年」『國學院大學日本文化研究所紀要』第八五輯、二〇〇〇年三月
高橋勝浩「大正十二年内田康哉日記」『軍事史学』第四八巻第一号、二〇一二年六月
高畠素之「普選戦総評——総選挙より新議会へ」『経済往来』第三巻第四号、一九二八年四月
高宮太平『人間緒方竹虎』四季社、一九五八年
滝口剛「岡田内閣と国体明徴声明——軍部との関係を中心に」『阪大法学』第一五五号、一九九〇年八月
立作太郎『国際聯盟規約論』国際聯盟協会、一九三二年
田中義一伝記刊行会編『田中義一伝記』全二巻、原書房、一九八一年。初版、全三巻、田中義一伝記刊行会、一九五七〜六〇年
駄場裕司「帝人事件から天皇機関説事件へ——美濃部達吉と「検察ファッショ」」『政治経済史学』第三八九号、一九九九年一月
千葉功『旧外交の形成——日本外交一九〇〇〜一九一九』勁草書房、二〇〇八年
筒井清忠『昭和十年代の陸軍と政治——軍部大臣現役武官制の虚像と実像』岩波書店、二〇〇七年
筒井清忠『近衛文麿——教養主義的ポピュリストの悲劇』岩波現代文庫、二〇〇九年
筒井清忠編『解明・昭和史——東京裁判までの道』朝日選書、二〇一〇年
筒井清忠『帝都復興の時代——関東大震災以後』中公選書、二〇一一年。中公文庫、二〇一七年
筒井清忠編『昭和史講義——最新研究で見る戦争への道』ちくま新書、二〇一五年
筒井清忠編『昭和史講義2——専門研究者が見る戦争への道』ちくま新書、二〇一六年
筒井清忠編『昭和史講義3——リーダーを通して見る戦争への道』ちくま新書、二〇一七年
寺崎英成、マリコ・テラサキ・ミラー編著『昭和天皇独白録——寺崎英成・御用掛日記』文藝春秋、一九九一年。文春文庫、一九九五年
テレビ東京編『証言・私の昭和史』第一巻、旺文社文庫、一九八四年
戸部良一『ピース・フィーラー——支那事変和平工作の群像』論創社、一九九一年
富岡福寿郎『五・一五と血盟団』弘文社、一九三三年
長尾和郎『近衛文麿』幸洋出版、一九七九年
中筋直哉『群衆の居場所——都市騒乱の歴史社会学』新曜社、二〇〇五年
中村政則ほか「日本帝国主義と人民——「9・5民衆暴

動」（日比谷焼打事件）をめぐって」『歴史学研究』第三二七号、一九六七年八月
梨本祐淳『鈴木喜三郎』時代社、一九三二年
奈良武次『侍従武官長奈良武次日記・回顧録』全四巻、波多野澄雄・黒沢文貴責任編集、柏書房、二〇〇〇年
奈良岡聰智『加藤高明と政党政治――二大政党制への道』山川出版社、二〇〇六年
奈良岡聰智「立憲民政党の創立――戦前期二大政党制の始動」『法学論叢』第一六〇巻第五・六号、二〇〇七年三月
西田敏宏「東アジアの国際秩序と幣原外交（2・完）――一九二四～一九二七年」『法学論叢』第一四九巻第一号、二〇〇一年四月
日本国際政治学会太平洋戦争原因研究部編『太平洋戦争への道――開戦外交史1　満州事変前夜』朝日新聞社、一九六三年
日本国際政治学会太平洋戦争原因研究部編『太平洋戦争への道――開戦外交史　別巻　資料編』稲葉正夫ほか編、朝日新聞社、一九六三年
野中盛隆『帝人疑獄――真相史』千倉書房、一九三五年
野村宗平「日本の国際連盟脱退をめぐる新聞論調」『愛知淑徳大学現代社会研究科研究報告』第五号、二〇一〇年
萩原淳『平沼騏一郎と近代日本――官僚の国家主義と太平洋戦争への道』京都大学学術出版会、二〇一六年
秦郁彦『太平洋国際関係史――日米および日露危機の系譜　1900～1935』福村出版、一九七二年
波多野勝『浜口雄幸――政党政治の試験時代』中公新書、一九九三年
波多野勝『満蒙独立運動』PHP新書、二〇〇一年
服部龍二『幣原喜重郎と二十世紀の日本――外交と民主主義』有斐閣、二〇〇六年。『増補版幣原喜重郎――外交と民主主義』吉田書店、二〇一七年
馬場恒吾『政界人物風景』中央公論社、一九三一年
浜口雄幸述、川田稔編『浜口雄幸集　論述・講演篇』未來社、二〇〇〇年
浜口雄幸述、川田稔編『浜口雄幸集　議会演説篇』未來社、二〇〇四年
浜口内閣編纂所編『浜口内閣』浜口内閣編纂所、一九二九年
林茂・辻清明編『日本内閣史録』全六巻、第一法規出版、一九八一年
原奎一郎編『原敬日記』全六巻、福村出版、一九六五～六七年

原秀男・澤地久枝・匂坂哲郎編『検察秘録　五・一五事件2――匂坂資料2』角川書店、一九八九年
原田熊雄述『西園寺公と政局』全八巻、近衛泰子筆記、里見弴ほか補訂、岩波書店、一九五〇～五二年
坂野潤治ほか編『財部彪日記――海軍次官時代』全二巻、山川出版社、一九八三年
樋口秀雄校訂、憲政会史編纂所編『憲政会史』全二巻、横山勝太郎監修、原書房、一九八五年。初版、憲政会史編纂所、一九二六年
藤井貞文『近代日本内閣史論』吉川弘文館、一九八八年
藤沼庄平『私の一生』「私の一生」刊行会、一九五七年
藤野裕子『都市と暴動の民衆史――東京・1905―1923年』有志舎、二〇一五年
古川隆久「昭和天皇首相叱責事件の再検討」日本大学文理学部人文科学研究所『研究紀要』第七六号、二〇〇八年
古川隆久『昭和天皇――「理性の君主」の孤独』中公新書、二〇一一年
フレッチャー、マイルズ『知識人とファシズム――近衛新体制と昭和研究会』竹内洋・井上義和訳、柏書房、二〇一一年
堀場一雄『支那事変戦争指導史』原書房、一九七三年。初版、時事通信社、一九六二年
前坂俊之『太平洋戦争と新聞』講談社学術文庫、二〇〇七年
前田英昭「帝国議会による「機密費」統制」『駒澤法学』第一巻第二号、二〇〇二年三月
前田蓮山編『床次竹二郎伝』床次竹二郎伝記刊行会、一九三九年
牧野邦昭「近衛新体制と革新官僚」、筒井〔二〇一五〕所収
牧原憲夫『民権と憲法』岩波新書、二〇〇六年
増田知子『天皇制と国家――近代日本の立憲君主制』青木書店、一九九九年
升味準之輔『日本政党史論』全七巻、東京大学出版会、一九六五～八〇年
松井茂『日比谷騒擾事件の顛末――松井茂手記』松井茂先生自伝刊行会、一九五二年
松浦正孝『財界の政治経済史――井上準之助・郷誠之助・池田成彬の時代』東京大学出版会、二〇〇二年
松尾尊兊「政友会と民政党」『岩波講座日本歴史19　近代6』岩波書店、一九七六年
松尾尊兊『大正デモクラシー』岩波現代文庫、二〇〇一年

松岡洋右『松岡全権大演説集』竹内夏積編、大日本雄辯会講談社、一九三三年
松岡洋右伝記刊行会編『松岡洋右――その人と生涯』講談社、一九七四年
松本剛吉『大正デモクラシー期の政治――松本剛吉政治日誌』岡義武・林茂校訂、岩波書店、一九五九年
松本清張「陸軍機密費問題」「石田検事の怪死」「朴烈大逆事件」『昭和史発掘』新装版、第一巻、文春文庫、二〇〇五年
松山巖『群衆――機械のなかの難民』中公文庫、二〇〇九年
丸山鶴吉『七十年ところどころ』七十年ところどころ刊行会編、七十年ところどころ刊行会、一九五五年
水野石渓『普選運動血涙史』文王社、一九二五年
水野錬太郎著、尚友倶楽部・西尾林太郎編『水野錬太郎回想録・関係文書』山川出版社、一九九九年
三谷太一郎『ウォール・ストリートと極東――政治における国際金融資本』東京大学出版会、二〇〇九年
『蓑田胸喜全集』全七巻、竹内洋ほか編、柏書房、二〇〇四年
簑原俊洋『排日移民法と日米関係――「埴原書簡」の真相とその「重大なる結果」』岩波書店、二〇〇二年
美濃部達吉「対米雑感」『改造』一九二四年五月号
宮沢俊義『天皇機関説事件――史料は語る』全二巻、有斐閣、一九七〇年
宮田昌明『英米世界秩序と東アジアにおける日本――中国をめぐる協調と相克一九〇六～一九三六』錦正社、二〇一四年
村井良太『政党内閣制の成立――一九一八～二七年』有斐閣、二〇〇五年
村井良太『政党内閣制の展開と崩壊――一九二七～三六年』有斐閣、二〇一四年
村田光義『海鳴――内務官僚村田五郎と昭和の群像』上巻、芦書房、二〇一一年
矢次一夫『政変昭和秘史――戦時下の総理大臣たち』全二巻、サンケイ出版、一九七九年
矢部貞治『近衛文麿』全二巻、近衛文麿伝記編纂刊行会編、弘文堂、一九五二年。読売新聞社、一九七六年
山浦貫一編『森恪』森恪伝記編纂会、一九四〇年
山梨勝之進『歴史と名将――戦史に見るリーダーシップの条件』毎日新聞社、一九八一年
山本四郎『山本内閣の基礎的研究』京都女子大学、一九八二年
吉田弘苗編『秋田清』秋田清伝記刊行会、一九六九年

吉野作造「民衆的示威運動を論ず」『中央公論』一九一四年四月号
吉野作造『現代政局の展望』日本評論社、一九三〇年
読売新聞100年史編集委員会編『読売新聞百年史　別冊資料・年表』読売新聞社、一九七六年
立憲政友会史編纂部編『立憲政友会史6　田中総裁時代』菊池悟郎編、立憲政友会史編纂部、一九三三年
立憲民政党史研究会著、桜田会編『総史立憲民政党』全二巻、学陽書房、一九八九年
立憲民政党史編纂局編『立憲民政党史』全二巻、立憲民政党史編纂局、一九三五年。複製、塚田昌夫編、原書房、一九七三年
若槻礼次郎『明治・大正・昭和政界秘史——古風庵回顧録』講談社学術文庫、一九八三年。初版『古風庵回顧録——明治、大正、昭和政界秘史　若槻礼次郎自伝』読売新聞社、一九五〇年
我妻栄ほか編『日本政治裁判史録　大正』第一法規出版、一九六九年
我妻栄ほか編『日本政治裁判史録　昭和・前』第一法規出版、一九七〇年（一九七〇a）
我妻栄ほか編『日本政治裁判史録　昭和・後』第一法規出版、一九七〇年（一九七〇b）
渡邊行男『軍縮——ロンドン条約と日本海軍』ペップ出版、一九八九年
『現代史資料4　国家主義運動1』今井清一・高橋正衛編、みすず書房、一九六三年
『現代史資料5　国家主義運動2』高橋正衛編、みすず書房、一九六四年
『現代史資料7　満洲事変』小林龍夫・島田俊彦編、みすず書房、一九六四年
『続・現代史資料5　海軍』伊藤隆ほか編、みすず書房、一九九四年

筒井清忠（つつい・きよただ）

1948年（昭和23年），大分市に生まれる．京都大学文学部卒業，同大学大学院文学研究科博士課程単位取得退学．文学博士．奈良女子大学助教授，京都大学教授などを経て，現在，帝京大学文学部日本文化学科教授・文学部長，東京財団上席研究員．専攻，日本近現代史，歴史社会学．
著書『二・二六事件とその時代』（ちくま学芸文庫）
『石橋湛山』（中公叢書）
『日本型「教養」の運命』『近衛文麿』（岩波現代文庫）
『時代劇映画の思想』（ウェッジ文庫）
『西條八十』（中公文庫，読売文学賞・山本七平賞特別賞受賞）
『昭和十年代の陸軍と政治』（岩波書店）
『帝都復興の時代』（中公文庫）
『昭和戦前期の政党政治』（ちくま新書）
『二・二六事件と青年将校』（吉川弘文館）
『満州事変はなぜ起きたのか』『陸軍士官学校事件』（中公選書）ほか

戦前《せんぜん》日本《にほん》のポピュリズム
中公新書 *2471*

2018年1月25日発行

著　者　筒井清忠
発行者　大橋善光

本文印刷　暁　印　刷
カバー印刷　大熊整美堂
製　　本　小泉製本

発行所　中央公論新社
〒100-8152
東京都千代田区大手町1-7-1
電話　販売　03-5299-1730
　　　編集　03-5299-1830
URL http://www.chuko.co.jp/

Published by CHUOKORON-SHINSHA, INC.
Printed in Japan　ISBN978-4-12-102471-8 C1221

中公新書刊行のことば

いまからちょうど五世紀まえ、グーテンベルクが近代印刷術を発明したとき、書物の大量生産は潜在的可能性を獲得し、いまからちょうど一世紀まえ、世界のおもな文明国で義務教育制度が採用されたとき、書物の大量需要の潜在性が形成された。この二つの潜在性がはげしく現実化したのが現代である。

いまや、書物によって視野を拡大し、変りゆく世界に豊かに対応しようとする強い要求を私たちは抑えることができない。この要求にこたえる義務を、今日の書物は背負っている。だが、その義務は、たんに専門的知識の通俗化をはかることによって果たされるものでもなく、通俗的好奇心にうったえて、いたずらに発行部数の巨大さを誇ることによって果たされるものでもない。現代を真摯に生きようとする読者に、真に知るに価いする知識だけを選びだして提供すること、これが中公新書の最大の目標である。

私たちは、知識として錯覚しているものによってしばしば動かされ、裏切られる。私たちは、作為によってあたえられた知識のうえに生きることがあまりに多く、ゆるぎない事実を通して思索することがあまりにすくない。中公新書が、その一貫した特色として自らに課すものは、この事実のみの持つ無条件の説得力を発揮させることである。現代にあらたな意味を投げかけるべく待機している過去の歴史的事実もまた、中公新書によって数多く発掘されるであろう。

中公新書は、現代を自らの眼で見つめようとする、逞しい知的な読者の活力となることを欲している。

一九六二年一一月

中公新書

日本史

d4

- 2107 近現代日本を史料で読む　御厨　貴編
- 190 大久保利通　毛利敏彦
- 2011 皇　族　小田部雄次
- 1836 華　族　小田部雄次
- 2379 元老―近代日本の真の指導者たち　伊藤之雄
- 840 江藤新平（増訂版）　毛利敏彦
- 2051 伊藤博文　瀧井一博
- 2103 谷　干城　小林和幸
- 2212 近代日本の官僚　清水唯一朗
- 2294 明治維新と幕臣　門松秀樹
- 561 明治六年政変　毛利敏彦
- 1316 戊辰戦争から西南戦争へ　小島慶三
- 1927 西南戦争　小川原正道
- 1584 東北―つくられた異境　河西英通
- 2320 沖縄の殿様　高橋義夫

- 252 ある明治人の記録（改版）　石光真人編著
- 161 秩父事件　井上幸治
- 2270 日清戦争　大谷　正
- 1792 日露戦争史　横手慎二
- 2141 小村寿太郎　片山慶隆
- 881 後藤新平　北岡伸一
- 2393 シベリア出兵　麻田雅文
- 2269 日本鉄道史　幕末・明治篇　老川慶喜
- 2358 日本鉄道史　大正・昭和戦前篇　老川慶喜
- 2312 鉄道技術の日本史　小島英俊

中公新書

現代史

f2

中公新書

政治・法律

h1

政治・法律 h2

中公新書

社会・生活

1242 社会学講義 富永健一
1910 人口学への招待 河野稠果
2282 地方消滅 増田寛也編著
2333 地方消滅 創生戦略篇 増田寛也 冨山和彦
2355 東京消滅―介護破綻と地方移住 増田寛也編著
2454 人口減少と社会保障 山崎史郎
2446 人口減少時代の土地問題 吉原祥子
1914 老いてゆくアジア 大泉啓一郎
760 社会科学入門 猪口孝
1479 安心社会から信頼社会へ 山岸俊男
2322 仕事と家族 筒井淳也
2431 定年後 楠木新
2070 ルポ 生活保護 本田良一
2121 老後の生活破綻 西垣千春
2422 貧困と地域 白波瀬達也

1894 私たちはどうつながっているのか 増田直紀
2138 ソーシャル・キャピタル入門 稲葉陽二
2184 コミュニティデザインの時代 山崎亮
2037 社会とは何か 竹沢尚一郎
1537 不平等社会日本 佐藤俊樹
265 県民性 祖父江孝男
1164 在日韓国・朝鮮人 福岡安則